Jean Paré ®

LES BARBECUES

Company's Coming

Dédicace

Découvrez les joies de la cuisson en plein air!

Photos de couverture

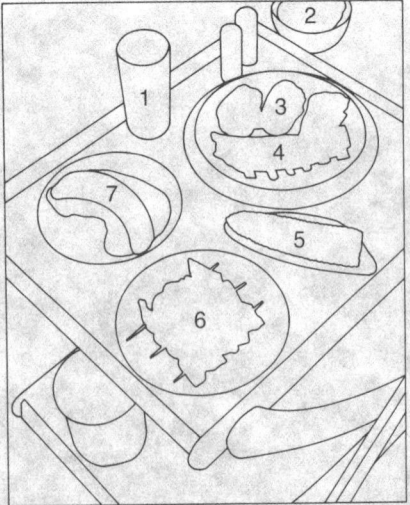

LES BARBECUES

Deuxième édition, juillet 1995

ISBN 1-895455-08-1

Publié et distribué par
Company's Coming Publishing Limited
C.P. 8037, Succursale F
Edmonton (Alberta) Canada
T6H 4N9

Imprimé au Canada
Printed in Canada

Livres de cuisine de la collection Jean Paré

LIVRES DE CUISINE JEAN PARÉ
Français

- 150 DÉLICIEUX CARRÉS
- LES CASSEROLES
- MUFFINS ET PLUS
- LES DÎNERS
- LES BARBECUES
- LES TARTES
- DÉLICES DES FÊTES
- RECETTES LÉGÈRES
- LES SALADES
- LA CUISSON AU MICRO-ONDES
- LES PÂTES
- LES CONSERVES
- LES CASSEROLES LÉGÈRES
- POULET, ETC.
- LA CUISINE POUR LES ENFANTS *(août 1995)*

COLLECTION PINT SIZE
Anglais

- FINGER FOOD
- PARTY PLANNING
- BUFFETS
- BAKING DELIGHTS
- CHOCOLATE *(octobre 1995)*

COLLECTION COMPANY'S COMING
Anglais

- 150 DELICIOUS SQUARES
- CASSEROLES
- MUFFINS & MORE
- SALADS
- APPETIZERS
- DESSERTS
- SOUPS & SANDWICHES
- HOLIDAY ENTERTAINING
- COOKIES
- VEGETABLES
- MAIN COURSES
- PASTA
- CAKES
- BARBECUES
- DINNERS OF THE WORLD
- LUNCHES
- PIES
- LIGHT RECIPES
- MICROWAVE COOKING
- PRESERVES
- LIGHT CASSEROLES
- CHICKEN, ETC.
- KIDS COOKING *(août 1995)*

table des Matières

Jean Paré est originaire d'Irma, petite ville rurale de l'est de l'Alberta (Canada). En grandissant, pendant la Dépression, Jean comprit rapidement que l'important dans la vie, c'est la famille, les amis et les petits plats mijotés à la maison. Jean tient de sa mère, Ruby Elford, son appréciation de la bonne cuisine tandis que son père, Edward Elford, loua même ses premiers essais. Jean quitta la maison familiale munie de recettes éprouvées et animée de son amour des chaudrons et du désir particulier de dévorer les livres de cuisine comme des romans!

Alors qu'elle élevait ses quatre enfants, Jean s'affairait dans sa cuisine, préparant de délicieuses et savoureuses gâteries et de succulents repas pour sa famille et tous ses amis, ce qui lui valut la réputation d'être la maman qui serait heureuse de nourrir le voisinage.

En 1963, ses enfants tous entrés à l'école, Jean offrit de pourvoir la nourriture qui serait servie à l'occasion du 50e anniversaire de l'École d'agriculture de Vermilion, aujourd'hui le Collège Lakeland. Travaillant chez elle, Jean prépara un repas pour plus de mille personnes. Cette petite aventure marqua les débuts d'un florissant service de traiteur qui prospéra pendant plus de dix-huit ans et qui permit à Jean de tester une foule de nouvelles idées et de s'enquérir sur-le-champ de l'avis de ses clients — dont les assiettes vides et les mines réjouies disaient long! Qu'il s'agisse de préparer des amuse-gueule pour une réception à domicile ou de servir un repas chaud à 1 500 personnes, Jean Paré avait la réputation de servir de la bonne nourriture à un prix abordable, avec le sourire.

Très souvent, des admirateurs en quête des secrets culinaires de Jean lui demandaient «Pourquoi n'écrivez-vous pas un livre de cuisine?». À l'automne 1980, Jean faisait équipe avec Grant Lovig, son fils, et ensemble, ils fondaient Company's Coming Publishing Ltd. qui lançait un premier titre, *150 Delicious Squares*, le 14 avril 1981. Quoique personne ne le savait à l'époque, ce livre était le premier d'une série qui deviendrait la collection de livres de cuisine la plus vendue au Canada. Company's Coming sortit un nouveau titre chaque année pendant six ans, puis deux par année à compter de 1987.

L'époque où Jean Paré était installée chez elle, dans une chambre d'ami, est bel et bien révolue. Aujourd'hui, elle travaille dans une grande cuisine d'essai moderne sise à Vermilion (Alberta), non loin de la maison qu'elle et son mari, Larry, ont construite. Company's Coming emploie à temps plein des agents de commercialisation dans les grands centres canadiens et dans quelques villes américaines. Le siège social de l'entreprise est établi à Edmonton (Alberta) et regroupe les fonctions de distribution, de comptabilité et d'administration dans de nouveaux bureaux de 20 000 pieds carrés. Les livres de cuisine Company's Coming sont vendus partout au Canada et aux États-Unis et dans certains pays étrangers. La traduction vers l'espagnol et le français a débuté en 1990.

Jean Paré a un penchant pour les recettes simples aux ingrédients bon marché et faciles à se procurer. Ses merveilleuses recettes, qui ont su résister au passage du temps et qui sont souvent autant de fragments de patrimoine familial, constituent un atout dont aucun cuisinier ne saurait se passer. C'est donc avec grand plaisir que nous vous invitons vous aussi à «goûter la tradition».

avant-propos

Le barbecue est l'aboutissement d'un cycle amorcé à l'âge des cavernes, lorsqu'on cuisait en plein air par la force des choses, qui s'est poursuivi dans la cuisine moderne pour enfin regagner les grands espaces.

Le barbecue est le prétexte parfait pour se réunir sans cérémonie, dans une atmosphère détendue. Il permet de surveiller ses chaudrons en tenant compagnie à ses invités. Il faut songer au barbecue comme un deuxième four pour cuire, rôtir et griller. La préparation nécessaire est essentiellement la même que pour la cuisson au four conventionnelle, mais la corvée de nettoyage est nettement moindre. En plus, l'improvisation et le barbecue s'accordent à merveille, quoique les repas cuits au barbecue s'articulent généralement autour d'un plat de viande.

Cet ouvrage ne se limite toutefois pas à ce genre de plat; il dévoile le secret de la tarte aux pommes au barbecue, des muffins au son, du pain frais, de hors-d'œuvre, de desserts et de salades. Ces plats complètent bien des repas et peuvent être préparés à l'avance. Vos invités voudront sûrement mettre la main à la pâte!

Plus vous cuirez au barbecue, plus vous y prendrez goût! Il est important que le barbecue soit à la bonne température. Il faut le préchauffer 15 minutes. Pour tester la température du barbecue, placez votre main juste au-dessus du gril. Si vous pouvez l'y laisser 2 secondes, le barbecue est très chaud, 3 secondes, il est chaud, 4 secondes, il est à température moyenne et 5 secondes, il est à température basse. S'il y a du vent, qu'il pleut ou qu'il fait frais, il faut prolonger le temps de cuisson. Les temps de cuisson donnés ici ne sont qu'indicatifs. Il est préférable de cuire les aliments lorsqu'ils sont à la température de la pièce. Une pièce de viande qui sort du réfrigérateur ou est congelée mettra plus longtemps à cuire.

Des ustensiles à long manche, un panier à griller la viande ou le poisson, un moule à charnière, un thermomètre à viande et des brochettes de bois et de métal, sans oublier l'indispensable papier d'aluminium, sont utiles pour cuire au barbecue. Emballer les aliments en ramenant les deux bords du papier d'aluminium l'un contre l'autre, puis faire un retour de 2,5 cm (1 po). Continuez de replier ainsi les deux bords ensemble jusqu'à ce qu'ils soient bien à plat contre l'aliment. Plier deux fois les bouts. Se servir de pinces pour retourner la viande pendant la cuisson. Ne pas percer la viande ou la saler avant la cuisson pour éviter de perdre le jus. Les sauces qui contiennent du sucre ou de la tomate ne doivent être employées que pendant les 5 à 10 dernières minutes de la cuisson parce qu'elles ont tendance à brûler.

Certains maîtrisent l'art de juger de la cuisson d'un bifteck à l'œil ou au toucher. Cuire le bifteck sans le retourner jusqu'à ce que le jus s'écoule sur le dessus de la tranche. Le retourner et cuire l'autre côté à peu près aussi longtemps pour obtenir un bifteck saignant et très tendre au toucher. Pour un bifteck à demi saignant, cuire sans retourner jusqu'à ce que le dessus de la tranche soit couvert de jus, retourner et cuire l'autre côté aussi longtemps. Au toucher, le bifteck sera un peu élastique. Un bifteck est à point lorsque le jus qui s'écoule à la surface est clair et que la viande est très ferme au toucher. Certains disent qu'il ne faut pas retourner un bifteck plus d'une fois pendant la cuisson tandis que d'autres affirment qu'il faut le retourner souvent. Il vaut donc mieux s'en remettre à l'apparence et au toucher pour juger du degré de cuisson d'une viande.

Le grand air aiguise l'appétit - alors à vos barbecues!

Jean Paré

CHAMPIGNONS FARCIS AU FROMAGE

Un soupçon de fromage bleu suffit à donner du piquant à cette farce.

Gros champignons	18	18
Beurre ou margarine	¹/₄ tasse	50 mL
Oignon haché fin	¹/₃ tasse	75 mL
Pieds des champignons, hachés		
Chapelure	¹/₂ tasse	125 mL
Fromage bleu, égrainé	¹/₄ tasse	50 mL
Flocons de persil	1 c. à thé	5 mL
Sel d'assaisonnement	¹/₄ c. à thé	1 mL
Cheddar mi-fort, râpé, pour garnir		

Retirer les pieds des champignons sans les abîmer. Les mettre de côté.

Faire fondre le beurre dans une poêle à frire. Ajouter l'oignon et les pieds hachés. Faire revenir le tout jusqu'à ce que les oignons soient clairs et ramollis. Retirer du feu.

Ajouter la chapelure, le fromage bleu, le persil et le sel d'assaisonnement. Remuer. Farcir les têtes des champignons.

Garnir chaque champignon de quelques brins de cheddar pour donner de la couleur. Cuire sur le gril, à feu moyen, jusqu'à ce que les champignons soient tendres et chauds, à peu près 10 minutes. Donne 18 champignons.

Photo à la page 89.

HORS-D'ŒUVRE AUX FRUITS DE MER

Ces délicates bouchées de crevettes, de pétoncles et de poisson sont bardées de bacon.

Crevettes moyennes, décortiquées et nettoyées	6	6
Pétoncles	6	6
Filets de poisson blanc ferme, coupés en gros morceaux	6	6
Tranches de bacon, coupées en deux sur la largeur	9	9
Têtes de champignons	12	12

Barder chaque crevette, pétoncle et morceau de poisson dans un morceau de bacon. Les enfiler sur des brochettes (faire tremper les brochettes de bois à l'avance pendant 30 minutes), en commençant par une tête de champignon suivie d'une crevette, d'un pétoncle et d'un morceau de poisson, et en terminant avec une seconde tête de champignon. Cuire sur le gril à feu chaud jusqu'à ce que le poisson soit cuit et que le bacon soit croustillant, environ 10 minutes. Donne 6 portions.

CHAMPIGNONS FARCIS

La composition de cette farce tient du secret. Un plat appétissant et savoureux.

Huile de cuisson	1 c. à soupe	15 mL
Poivron rouge, haché fin	1	1
Chapelure	¹/₂ tasse	125 mL
Ciboulette hachée	1 c. à soupe	15 mL
Flocons de persil	1 c. à thé	5 mL
Parmesan râpé	2 c. à soupe	30 mL
Sel, pincée		
Gros champignons	24	24
Huile de cuisson		

Faire chauffer l'huile dans une poêle à frire. Ajouter le poivron rouge. Faire revenir jusqu'à ramollir, environ 5 minutes. Retirer du feu.

Ajouter la chapelure, la ciboulette, le persil, le parmesan et le sel. Remuer.

Retirer les pieds des champignons sans les abîmer. Les mettre de côté. Farcir les têtes des champignons avec le mélange de chapelure. Badigeonner les champignons d'huile. Cuire sur le gril, à feu moyen, jusqu'à ce que les champignons soient tendres et chauds, environ 10 minutes. Donne 24 champignons.

Photo à la page 89.

ORANGES AU BARBECUE

Que d'élégance! Un excellent plat qui ouvre l'appétit au petit déjeuner.

Oranges, coupées en deux sur la largeur	4	4
Cassonade	8 c. à thé	40 mL
Grand Marnier ou Cointreau	4 c. à thé	20 mL
(ou 1 mL,¹/₄ c. à thé, d'essence de rhum dans 15 mL, 1 c. à soupe, d'eau)		

Enlever les pépins s'il y en a. Défaire les sections d'orange sans les sortir des écorces. Saupoudrer 5 mL (1 c. à thé) de cassonade et 2 mL (¹/₂ c. à thé) de Grand Marnier sur chaque moitié d'orange. Envelopper les moitiés d'orange dans des carrés de papier d'aluminium doublés, à raison de 2 moitiés par paquet. Cuire sur le gril environ 8 minutes, jusqu'à ce que les oranges soient chaudes. Avant de servir, arroser les oranges de jus tiède. Donne 4 portions de 2 moitiés d'orange chacune.

Photo à la page 71.

NACHOS

Quelques minutes suffisent pour préparer cet amuse-gueule qui apaisera les estomacs en attendant que le plat principal soit prêt.

Croustilles de maïs en sac, **à saveur de barbecue**		
Monterey Jack râpé	1¼ tasse	300 mL
Cheddar doux ou mi-fort, râpé	1¼ tasse	300 mL
Tranches de bacon, cuites **et émiettées**	6	6
Piments verts en conserve, **hachés, dans leur jus**	4 oz	114 g
Oignons verts, tranchés	3	3
Crème sure, pour tremper		

Sur 6 carrés de papier d'aluminium, disposer les croustilles de maïs en cercles de 15 cm (6 po) de diamètre. Tasser les croustilles ensemble. Le papier d'aluminium devrait être presque entièrement recouvert. On peut aussi disposer toutes les croustilles sur une seule grande feuille de papier d'aluminium.

Répandre les 5 ingrédients suivants sur les croustilles. Chauffer sur le barbecue, à feu moyen. Abaisser le couvercle du barbecue. Chauffer jusqu'à ce que le fromage ait fondu et que les nachos soient chauds. Les surveiller de près parce qu'ils brûlent facilement.

Servir avec de la crème sure comme trempette. Donne 6 nachos.

Photo à la page 35.

PEAUX DE POMMES DE TERRE

Cet hors-d'œuvre rapide qui plaît à tous peut être préparé à l'avance.

Pommes de terre à cuire, moyennes, **cuites et refroidies**	4	4
Beurre ou margarine, ramolli		
Crème sure, pour tremper		

Couper les pommes de terre en 4 sections sur la longueur. Vider presque toute la chair, en laissant une pelure d'environ 6 mm (¼ po) d'épaisseur. Badigeonner l'intérieur et l'extérieur de beurre ramolli. Mettre sur le gril, à feu moyen. Dorer les deux côtés. Pour des peaux plus croustillantes, ne pas badigeonner de beurre le côté avec la peau. Commencer par mettre le côté beurré contre le gril, puis retourner les peaux pour faire griller le côté avec la peau jusqu'à ce qu'elles soient croustillantes.

Servir avec de la crème sure comme trempette. Donne 4 portions.

SAUCISSES EN BRIOCHE

Ces saucisses sont parées de pain au lieu de pâte.

Saucisses sans enveloppe, environ 16 à la livre (454 g)	1 lb	454 g
Tranches de pain blanc, sans croûte	16	16
Moutarde préparée	2 c. à thé	10 mL
Beurre ou margarine, fondu	1/4 tasse	50 mL

Faire revenir les saucisses à la poêle jusqu'à ce qu'elles soient bien dorées. Les laisser refroidir jusqu'à pouvoir les manipuler.

Abaisser légèrement les tranches de pain avec un rouleau à pâtisserie. Étaler la moutarde sur le pain. Enrouler chaque saucisse dans une tranche.

Badigeonner les rouleaux de beurre fondu. Faire griller lentement sur le gril, à feu doux. Il est plus simple de mettre les rouleaux sur l'étagère au-dessus du gril afin qu'ils chauffent un peu avant que le pain ne dore. Si le feu est trop chaud, le pain dorera avant que les saucisses ne soient réchauffées. On peut aussi chauffer les saucisses au four à micro-ondes avant de les faire dorer sur le gril à feu moyen. Donne 16 rouleaux.

Photo à la page 89.

ROULEAUX AU JAMBON ET AU FROMAGE

Rehaussé de moutarde et de fromage, le jambon se transforme en un délicieux hors-d'œuvre.

Moutarde préparée		
Jambon cuit, en tranches carrées	6	6
Poudre d'oignon, pincée		
Tranches de fromage cheddar fondu	6	6
Beurre ou margarine, fondu	2 c. à soupe	30 mL

Étaler un peu de moutarde sur chaque tranche de jambon. Saupoudrer de poudre d'oignon. Recouvrir d'une tranche de fromage. Rouler et piquer de trois cure-dents en bois.

Badigeonner de beurre fondu. Cuire à feu chaud sur un gril huilé. Tourner les rouleaux et les badigeonner souvent de beurre jusqu'à ce que le jambon commence à dorer et le fromage, à fondre. Couper chaque rouleau en trois. Retirer les cure-dents avant de servir. Donne 18 rouleaux.

Photo à la page 89.

BOUCHÉES DE JAMBON

Délicieuses chaudes ou froides et faciles à faire. Il suffit d'étaler du fromage assaisonné au raifort sur des tranches de jambon.

Fromage à la crème, ramolli	4 oz	125 g
Raifort	2 c. à thé	10 mL
Jambon cuit, en tranches carrées	8	8
Beurre ou margarine, fondu	2 c. à soupe	30 mL

Travailler le fromage à la crème et le raifort jusqu'à ce que le mélange soit mou et facile à étaler.

Étaler le mélange sur les tranches de jambon. Rouler les tranches et les piquer de trois cure-dents. Espacer également. Pour servir froid, couper entre les cure-dents.

Pour servir chaud, chauffer les rouleaux sur le gril à feu chaud jusqu'à ce qu'ils soient dorés, de 5 à 10 minutes. Badigeonner de beurre et tourner souvent pendant la cuisson. Couper entre les cure-dents. Donne 24 bouchées.

Photo à la page 89.

CHAMPIGNONS FARCIS À LA SAUCISSE

Farce épicée à base de viande.

Chair à saucisse (ou 4 à 5 petites saucisses sans enveloppe)	1/4 lb	125 g
Chapelure	1 c. à soupe	15 mL
Sauce chili	1 c. à soupe	15 mL
Poudre d'ail	1/8 c. à thé	0,5 mL
Poudre d'oignon	1/8 c. à thé	0,5 mL
Assaisonnement italien	1/8 c. à thé	0,5 mL
Champignons moyens	12	12

Faire revenir la chair à saucisse dans une poêle à frire, en remuant, jusqu'à ce qu'elle soit cuite.

Ajouter les 5 ingrédients suivants. Bien mélanger.

Retirer les pieds des champignons sans les abîmer. Les mettre de côté. Farcir les têtes des champignons avec le mélange de chair à saucisse. Mettre les champignons directement sur le gril, à feu moyen. Cuire jusqu'à ce que les champignons soient tendres et chauds, à peu près 10 minutes. Donne 12 champignons.

Photo à la page 89.

PAMPLEMOUSSES AU BARBECUE

Un succès garanti au petit déjeuner. La chair des pamplemousses semble changer de texture. Un vrai régal.

Pamplemousses, préférablement roses	3	3
Cassonade	6 c. à soupe	90 mL
Sherry (ou sherry sans alcool)	6 c. à soupe	90 mL
Cerises au marasquin, pour garnir	6	6

Couper les pamplemousses en deux sur la largeur. Enlever les pépins. Défaire les sections sans les sortir des écorces. Placer chaque moitié de pamplemousse sur une feuille de papier d'aluminium doublée. Saupoudrer 15 mL (1 c. à soupe) de cassonade et 15 mL (1 c. à soupe) de sherry sur chaque moitié de pamplemousse. Si les pamplemousses sont blancs, augmenter la quantité de cassonade. Les quantités de cassonade et de sherry données sont un minimum. En doublant les quantités, on obtient plus de jus. Essayer les deux méthodes. Envelopper les pamplemousses. Chauffer sur le gril à feu moyen, côté plat vers le haut. Cuire sur le gril 10 à 12 minutes, jusqu'à ce que les pamplemousses soient bien chauds.

Avant de servir, déposer une cerise sur chaque demi-pamplemousse et arroser de jus tiède. Pour 6 personnes.

Photo à la page 71.

RAGOÛT EN PAPILLOTES

Ajouter une salade et un dessert, et il ne reste plus qu'à passer à table.

Bifteck de ronde, coupé en dés	1³/₄ lb	800 g
Carottes, tranchées fin	6	6
Pommes de terre, pelées et coupées en cubes	6	6
Oignons moyens, tranchés	3	3
Céleri, tranché fin	³/₄ tasse	175 mL
Sel, pincée		
Poivre, pincée		
Crème de champignons, condensée	2 × 10 oz	2 × 284 mL

Sur 6 carrés de papier d'aluminium doublé, répartir la viande, les carottes tranchées, les pommes de terre, les oignons et le céleri. Saler et poivrer.

Répartir la soupe condensée entre les paquets. Emballer. Cuire sur le barbecue fermé, à feu doux, sans tourner les paquets. Après 1 heure, ouvrir un paquet pour vérifier si la viande est cuite. Si celle-ci n'est pas tout à fait à point, refermer le paquet et cuire quelques minutes de plus. Pour 6 personnes.

HAMBURGERS FOURRÉS AUX OIGNONS

Des tranches d'oignon se nichent entre deux épaisseurs de viande au cœur de ces hamburgers.

Tranches d'oignon	6	6
Beurre ou margarine	2 c. à soupe	30 mL
Bœuf haché	2 lb	1 kg
Pains à hamburger, tranchés et beurrés	6	6

Choisir des oignons assez gros pour que les tranches soient à peu près de la taille des pains. Faire fondre le beurre dans une poêle à frire. Faire revenir les tranches d'oignon, en ayant soin de ne pas les briser en les retournant. Ceux qui préfèrent les oignons crus peuvent sauter cette étape.

Diviser la viande en 12 palets minces. Intercaler une tranche d'oignon entre 2 palets. Presser les bords pour sceller. Cuire environ 10 minutes par côté sur un gril chaud, jusqu'à ce que les palets soient à point. Si l'oignon n'a pas été cuit au préalable, prévoir 14 minutes de cuisson par côté.

Mettre les palets dans les pains. Servir avec des condiments. Donne 6 hamburgers fourrés à l'oignon.

BOUTS DE CÔTES SAVOUREUX

Laisser macérer longtemps pour donner leur pleine saveur aux côtes.

MARINADE DE TOMATES

Sauce tomate	$7^{1}/_{2}$ oz	213 mL
Vinaigre de cidre	$^{1}/_{2}$ tasse	125 mL
Flocons d'oignon	1 c. à soupe	15 mL
Sauce Worcestershire	2 c. à thé	10 mL
Sucre granulé	$1^{1}/_{2}$ c. à soupe	25 mL
Moutarde préparée	1 c. à thé	5 mL
Poivre	$^{1}/_{2}$ c. à thé	2 mL
Poudre chili	1 c. à thé	5 mL
Poudre d'ail	$^{1}/_{4}$ c. à thé	1 mL
Huile de cuisson	$^{1}/_{4}$ tasse	50 mL
Bouts de côtes de bœuf	3 lb	1,35 kg

Marinade de tomates - Combiner les 10 premiers ingrédients dans un bol.

Mettre les côtes dans un récipient peu profond. Les couvrir de marinade de tomates. Napper tous les morceaux. Couvrir. Laisser macérer au réfrigérateur 8 heures, ou toute une nuit. Ramener la viande à la température de la pièce avant la cuisson. Cuire les côtes sur le gril, à feu doux, dans un barbecue fermé pendant 10 minutes. Tourner. Cuire encore 10 minutes, avec le couvercle baissé. Cuire jusqu'à ce que les côtes soient tendres, en les arrosant et en les tournant toutes les 10 minutes, environ 45 minutes en tout. Pour 4 personnes.

BROCHETTES AU BARBECUE

Un goût nouveau à essayer. Si vous n'avez pas de brochettes, c'est une idée de cadeau de plus!

MARINADE POUR BROCHETTES

Sauce soja	$^2/_3$ tasse	150 mL
Sucre granulé	$^1/_4$ tasse	50 mL
Huile de cuisson	$^1/_4$ tasse	50 mL
Sauce Worcestershire	2 c. à soupe	30 mL
Gousse d'ail, émincée	1	1
Vinaigre de vin rouge	3 c. à soupe	50 mL
Poivre	$^1/_4$ c. à thé	1 mL
Surlonge de bœuf ou tranche d'agneau, 1,25 cm ($^1/_2$ po) d'épaisseur	4 lb	1,8 kg
Champignons entiers, pieds enlevés	16 à 24	16 à 24
Oignons entiers, en conserve	14 oz	398 mL
Poivrons verts, coupés en carrés	2	2
Poivrons rouges, coupés en carrés	2	2
Tomates cerises	16	16
Courgette, tranchée	1	1

Combiner les 7 premiers ingrédients dans un bol à couvercle étanche.

Couper la viande en lanières de 2,5 cm (1 po) de large, puis en carrés. Ajouter la viande à la marinade, couvrir et réfrigérer au moins 30 minutes et jusqu'à plusieurs heures. Secouer le bol souvent.

Enfiler la viande avec les légumes sur 8 brochettes ou plus (faire tremper les brochettes de bois à l'avance pendant 30 minutes). Disposer les brochettes sur le gril, à feu chaud. Les tourner au besoin. Cuire environ 20 minutes en tout. Arroser les brochettes avec le reste de marinade en fin de cuisson. Si l'on préfère la viande bien cuite ou que les morceaux sont gros, on peut passer la viande sous la rampe du gril du four pour la cuire en partie avant de la réfrigérer. Pour 8 personnes.

BROCHETTES DE BŒUF TERIYAKI

Imbattables!

Eau	½ tasse	125 mL
Sauce soja	½ tasse	125 mL
Cassonade, tassée	⅓ tasse	75 mL
Vinaigre	2 c. à soupe	30 mL
Huile de cuisson	2 c. à soupe	30 mL
Gingembre	½ c. à thé	2 mL
Poudre d'ail	½ c. à thé	2 mL
(ou 2 gousses, émincées)		
Poivre	¼ c. à thé	1 mL
Bifteck de surlonge, 2,5 cm	1½ lb	700 g
(1 po) d'épaisseur		

Bien mélanger les 8 premiers ingrédients dans un bol profond.

Couper le bifteck en cubes de 2,5 cm (1 po). L'ajouter au contenu du bol. Mélanger de façon à napper tous les morceaux de sauce. Laisser macérer 1 heure à la température de la pièce. Enfiler sur des brochettes. (Faire tremper les brochettes de bois à l'avance pendant 30 minutes.) Cuire sur un gril chaud, environ 14 minutes en tout, pour que la viande soit à demi saignante. Arroser souvent de sauce pendant la cuisson. Pour 4 personnes.

1. Fèves à l'ananas page 142
2. Muffins de maïs page 44
3. Petits pains à la mayonnaise page 46
4. Petits pains au barbecue page 46
5. Pommes de terre au barbecue page 136
6. Biftecks d'aloyau grillés page 21
   avec sauce pompier page 82
7. Légumes en papillotes page 131
8. Rondelles d'oignons spéciales page 129
9. Bouts de côtes désossés page 34
10. Côtes à la mode de Java page 100

PAIN DE VIANDE AU BARBECUE

Ce pain plutôt plat cuit sur le gril. Il est très savoureux.

Bœuf haché maigre	1¹/₂ lb	750 g
Oignon haché fin	¹/₃ tasse	75 mL
Sel	1¹/₂ c. à thé	7 mL
Poivre	¹/₄ c. à thé	1 mL
Sauce chili	1 tasse	250 mL
Cassonade, tassée	¹/₄ tasse	50 mL
Vinaigre	2 c. à soupe	30 mL
Moutarde en poudre	1 c. à thé	5 mL
Quelques gouttes de sauce piquante aux piments	3	3

Dans un bol moyen, bien mélanger le bœuf haché, l'oignon, le sel et le poivre. Donner au mélange la forme d'un pain un peu aplati. L'envelopper dans une double épaisseur de papier d'aluminium. Cuire à feu moyen suivant la méthode de cuisson indirecte (voir page 149), dans le barbecue fermé, environ 1¹/₄ heure.

Mélanger les autres ingrédients dans un bol. Ouvrir le papier d'aluminium. Napper la viande de sauce. Ne pas rabattre le papier d'aluminium. Refermer le barbecue. Cuire encore 15 minutes, jusqu'à ce que la sauce bouillonne. Pour 6 personnes.

Photo à la page 107.

HAMBURGERS FOURRÉS AU FROMAGE

Un hamburger au fromage à l'envers.

Bœuf haché	1¹/₂ lb	700 g
Sel d'assaisonnement	1 c. à thé	5 mL
Relish de cornichons sucrés	4 c. à thé	20 mL
Tranches de fromage cheddar mi-fort	4	4
Pains à hamburger, tranchés, grillés ou non, et beurrés (au goût)	4	4

Mélanger le bœuf haché et le sel d'assaisonnement. Diviser le mélange en 8 boulettes. Les aplatir pour former 8 palets.

Étaler du relish au centre de 4 des 8 palets. Répartir le fromage sur les 4 mêmes palets. Recouvrir ceux-ci des 4 autres palets. Presser les bords ensemble pour sceller le tout. Cuire sur un gril chaud environ 10 minutes par côté jusqu'à ce que la viande soit à point.

Introduire les palets dans les pains. Servir avec des condiments. Donne 4 hamburgers.

CUBES DE BŒUF

Servir les cubes de viande sur les brochettes ou les disposer sur un lit de laitue ou sur une grande assiette. Succulent!

MARINADE À L'OIGNON

Sherry (ou sherry sans alcool)	¹/₂ tasse	125 mL
Sauce soja	¹/₂ tasse	125 mL
Jus de citron	1 c. à soupe	15 mL
Mélange à soupe à l'oignon (sachet)	1	1
Cassonade	2 c. à soupe	30 mL
Huile de cuisson	2 c. à soupe	30 mL
Biftecks, coupé en cubes de 2,5 cm (1 po) d'épaisseur (surlonge par exemple)	2 lb	900 g

Marinade à l'oignon - Mélanger le sherry, la sauce soja, le jus de citron, le mélange à soupe à l'oignon, la cassonade et l'huile dans un bol profond.

Ajouter les cubes de viande au mélange. Laisser macérer 3 ou 4 heures au réfrigérateur. Enfiler les cubes de viande sur des brochettes (faire tremper les brochettes de bois à l'avance pendant 30 minutes). Cuire sur un gril chaud environ 10 minutes. Retourner. Arroser de sauce. Griller 10 minutes de plus pour une viande à demi saignante. Donne 6 portions.

GRILLADE DE BŒUF

Le plus tendre des biftecks.

Filet de bœuf	4¹/₂ lb	2 kg
Beurre ou margarine, fondu	¹/₂ tasse	125 mL
Bouillon de bœuf en poudre	1 c. à thé	5 mL
Sauce Worcestershire	2 c. à thé	10 mL
Vinaigre de vin rouge	1 c. à soupe	15 mL

Replier la partie étroite du filet vers l'arrière de façon à former un rouleau égal. L'attacher.

Mélanger les 4 ingrédients suivants et badigeonner le filet de ce mélange. Le filet de bœuf étant très maigre, il faut le badigeonner souvent avec le mélange de beurre durant la cuisson. En utilisant un thermomètre à viande, on peut cuire le filet au goût. Saisir la viande sur un gril très chaud. Continuer la cuisson à feu chaud, en arrosant. Pour 8 à 10 personnes.

BIFTECKS D'ALOYAU GRILLÉS

La pièce de viande de choix pour bien des barbecues. On peut arroser la viande avec de l'huile ou de la sauce, ou simplement la faire griller en l'assaisonnant au sel et au poivre. Tout indiqué pour ceux qui ont l'estomac dans les talons.

Biftecks d'aloyau	4	4
SAUCE		
Sauce à steak	2 c. à soupe	30 mL
Basilic	1/2 c. à thé	2 mL
Eau	2 c. à soupe	30 mL

Les biftecks doivent être à la température de la pièce. Ôter la plupart du gras. Cuire sur un gril chaud environ 7 minutes par côté pour un bifteck à demi saignant. Un bifteck de 5 cm (2 po) d'épaisseur devra cuire de 25 à 30 minutes au total.

Sauce - Mélanger la sauce à steak, le basilic et l'eau. En badigeonner les biftecks à plusieurs reprises vers la fin de la cuisson. Donne 4 portions.

GROS FILET - Le gros filet est plus gros que le bifteck d'aloyau; il est coupé plus haut dans le filet. Pour le cuire, procéder comme pour le bifteck d'aloyau. Si les biftecks doivent être séparés, veiller à inclure un morceau du filet dans chaque portion.

BIFTECKS D'ALOYAU ÉPICÉS - Faire griller les biftecks sans assaisonnement, puis les napper de sauce pompier, page 82.

Photo à la page 17.

VIANDE ET VOLAILLE GRILLÉES

Le barbecue peut aisément remplacer le four, ce qui évite de surchauffer la maison.

**Rôti de bœuf, porc ou autre viande ou
poulet, dinde ou autre volaille**

Mettre la viande dans un plat à rôtir couvert (ou non, si l'on préfère). Préchauffer le barbecue en laissant le couvercle baissé. Si l'on connaît mal le barbecue, il vaut mieux y placer un thermomètre de four. Généralement, à feu doux, la température intérieure du barbecue se situe entre 160 et 180 °C (325 à 350 °F). À feu moyen, elle est d'environ 200 °C (400 °F). La plupart des viandes et des volailles cuisent à feu doux. Placer le plat à rôtir sur le gril dans le barbecue préchauffé et abaisser le couvercle. Cuire comme dans un four à convection conventionnel. Prévoir à peu près le même temps de cuisson.

BIFTECKS DE SURLONGE GRILLÉS

De toutes les coupes tendres, celle-ci se sépare le plus aisément; c'est aussi la moins chère.

Biftecks de surlonge, environ 2,5 cm (1 po) d'épaisseur	**4 lb**	**1,8 kg**
Huile de cuisson		

Sauce barbecue, voir page 84 (au goût)

Beurre ou margarine (au goût)

Les biftecks doivent être à la température de la pièce. Entailler le gras pour que les biftecks restent à plat pendant la cuisson. Ôter l'excès de gras pour éviter les grandes flammes. Enduire les biftecks d'une fine couche d'huile. Les mettre sur un gril chaud. Cuire environ 7 minutes par côté pour un bifteck à demi saignant.

Juste avant que les biftecks ne soient à point, on peut les badigeonner de sauce barbecue si on le désire. Après avoir retourné les biftecks, saupoudrer le côté cuit de sel et de poivre.

Au moment de servir, déposer une noix de beurre sur chaque bifteck en guise de garniture. Pour 5 ou 6 personnes.

BIFTECKS DE FAUX-FILET

Tendres et savoureux, on les appelle aussi biftecks Delmonico.

Biftecks de faux-filet, 2,5 cm (1 po) d'épaisseur	**6**	**6**
Huile de cuisson		

Beurre maître d'hôtel, voir page 83

Cuire sur un gril chaud environ 10 minutes par côté pour un bifteck à demi saignant. De temps en temps pendant la cuisson, badigeonner les biftecks d'huile.

Au moment de servir, déposer une rondelle de beurre maître d'hôtel sur chaque bifteck. Pour 6 personnes.

BIFTECKS SUR PETITS PAINS - Des biftecks épais coupés en fines tranches sont délicieux servis sur des pains à hamburger beurrés, assaisonnés de moutarde, de ketchup, de sel et de poivre.

STEAK AU POIVRE

On enfonce à la main des grains de poivre écrasés dans le bifteck. Le résultat est moins poivré qu'on ne pourrait le croire.

Poivre noir en grains	3 c. à soupe	50 mL
Portions de bifteck de surlonge	6	6
Huile de cuisson (au goût)		
Sel, pincée		
Noix de beurre ou de margarine	6	6

Mettre les grains de poivre dans un sac de plastique. Les écraser avec un maillet à viande ou un marteau. Avec la paume de la main, enfoncer les grains de poivre écrasés dans les deux côtés de chaque bifteck, en rajoutant au besoin.

Cuire sur un gril huilé, à feu chaud, environ 7 minutes par côté pour un bifteck à demi saignant. Si les biftecks ont moins de 2,5 cm (1 po) d'épaisseur, ils cuiront un peu plus vite. On peut les badigeonner d'huile si on le désire. On peut servir les biftecks comme ils sont, ce qui est très bon, ou enlever un peu du poivre.

Saupoudrer de sel. Avant de servir, déposer une noix de beurre sur chaque bifteck. Pour 6 personnes.

BIFTECKS SALISBURY

De quoi satisfaire même les appétits les plus dévorants.

Œufs	2	2
Lait	1/4 tasse	50 mL
Oignon haché	1/2 tasse	125 mL
Flocons d'avoine	1 tasse	250 mL
Piments verts hachés en conserve	1/4 tasse	50 mL
Poudre chili	1 c. à thé	5 mL
Sel	1 c. à thé	5 mL
Poivre	1/4 c. à thé	1 mL
Poudre d'ail	1/4 c. à thé	1 mL
Bœuf haché	2 lb	1 kg

Battre les œufs à la cuillère dans un grand bol. Ajouter les 8 ingrédients suivants. Remuer.

Ajouter le bœuf haché. Bien mélanger. Former 6 ou 8 palets de 12 mm (1/2 po) d'épaisseur, en forme de bifteck. Les déposer délicatement sur un gril graissé ou dans un panier à griller, à feu chaud. Cuire environ 10 minutes par côté, jusqu'à ce qu'ils soient à point. Donne 6 ou 8 portions.

TOURNEDOS

Toujours tendres, il faut arroser ces biftecks très maigres d'huile ou de beurre.

Tournedos	4	4
Tranches de bacon	4	4
Beurre ou margarine, fondu	3 c. à soupe	50 mL
Sel, pincée		
Poivre, pincée		

Barder les biftecks avec le bacon et piquer de cure-dents. Badigeonner de beurre fondu. Saisir sur un gril très chaud pour dorer la viande. Retourner. Badigeonner de nouveau de beurre. En tout, cuire 10 à 12 minutes. Avant de servir, badigeonner une dernière fois de beurre. Saler et poivrer. Pour 4 personnes.

Remarque : si le beurre fume trop, y substituer de l'huile de cuisson.

FILET MIGNON - Ne pas barder les biftecks. Badigeonner de beurre ou de margarine à plusieurs reprises pendant la cuisson.

BIFTECKS DE PALETTE

Un bifteck bon marché qu'il ne faut pas négliger.

Bifteck de palette, 2 cm (³/₄ po) d'épaisseur	1	1
Attendrisseur non épicé		
Sauce barbecue, voir page 84 (au goût)		

Saupoudrer le bifteck d'attendrisseur. Percer la viande avec une fourchette. Retourner le bifteck et répéter l'opération. Laisser reposer 30 minutes à la température de la pièce. Griller à feu chaud environ 7 minutes par côté pour un bifteck à demi saignant. On peut couper le bifteck pour pouvoir le retourner plus aisément.

On peut, si on le désire, badigeonner le bifteck de sauce barbecue vers la fin de la cuisson.

BIFTECKS D'ÉPAULE - Apprêter et cuire le bifteck d'épaule comme le bifteck de palette. Lorsqu'on cuit plusieurs biftecks d'épaule, il vaut mieux enlever la tranche supérieure et s'en servir pour faire un ragoût, car cette partie est la moins tendre.

BIFTECKS DE RONDE AU BARBECUE

Cette marinade réussit à tous les coups. On l'épaissit pour le dernier badigeonnage.

MARINADE PRÉFÉRÉE

Sauce soja	$^1/_2$ tasse	125 mL
Sherry (ou vinaigre de vin rouge)	$^1/_2$ tasse	125 mL
Vinaigre	3 c. à soupe	50 mL
Huile de cuisson	2 c. à soupe	30 mL
Sucre granulé	2 c. à soupe	30 mL
Gingembre	$^1/_2$ c. à thé	2 mL
Poudre d'ail	$^1/_4$ c. à thé	1 mL
Poivre	$^1/_4$ c. à thé	1 mL
Biftecks de ronde (ou de surlonge) 2 cm ($^3/_4$ po) d'épaisseur	$1^1/_2$ lb	700 g
Fécule de maïs	1 c. à soupe	15 mL
Eau	2 c. à soupe	30 mL

Marinade préférée - Mélanger les 8 premiers ingrédients dans un petit bol. Bien mélanger. Verser le tout dans un sac de plastique.

Découper le bifteck en bouchées. Ajouter la viande au contenu du sac. Laisser macérer au réfrigérateur 18 à 20 heures ou au moins toute une nuit, dans le sac fermé. Cuire sur un gril chaud 7 ou 8 minutes par côté pour un bifteck à demi saignant.

Verser la marinade dans une petite casserole. Incorporer la fécule de maïs à l'eau en remuant. Ajouter ce liquide à la marinade. Faire chauffer en remuant, à feu moyen, jusqu'à ébullition et épaississement. Arroser la viande souvent vers la fin de la cuisson. Pour 4 personnes.

BIFTECKS AU BARBECUE

Le plus commun des barbecues, et il est si simple de le sortir de l'ordinaire.

Bifteck de surlonge	$5^1/_2$ lb	2,5 kg
Beurre au raifort, voir page 82		

Dégeler le bifteck s'il est gelé. Mettre le bifteck sur un gril chaud. Cuire chaque côté 7 ou 8 minutes pour un bifteck à demi saignant.

Décorer d'une rondelle de beurre au raifort. Saler et poivrer. Pour 8 personnes.

BIFTECKS DE FLANC AU BARBECUE

Ce bifteck est très bon froid, en sandwich. Tranché, il est rose au centre avec les bords foncés et croustillants.

Consommé de bœuf condensé	2 × 10 oz	2 × 284 mL
Sauce soja	$^2/_3$ tasse	150 mL
Oignons verts, tranchés	$^1/_2$ tasse	125 mL
Jus de citron	6 c. à soupe	100 mL
Cassonade, tassée	$^1/_4$ tasse	60 mL
Sel d'assaisonnement	1 c. à soupe	15 mL
Gousse d'ail, émincée	1	1
Gros biftecks de flanc	2	2
Bière	2 tasses	500 mL

Bien mélanger les 7 premiers ingrédients ensemble.

Entailler le bifteck sur les deux faces, en treillis. Le coucher au fond d'un récipient peu profond. Verser le mélange de consommé par-dessus.

Sans mélanger, ajouter la bière. Ne pas remuer. Couvrir. Laisser macérer 24 heures au réfrigérateur. Cuire le bifteck sur un gril chaud. Verser la marinade dans une casserole pour la réchauffer pendant que la viande cuit. Faire griller la viande jusqu'à ce qu'elle soit cuite au goût. Le bifteck sera saignant après 6 minutes de cuisson par côté. Pour servir, couper la viande en fines tranches, contre le grain et sur le biais, de sorte que les tranches seront plus larges que si elles étaient simplement coupées de haut en bas. Servir avec la marinade réchauffée. Donne à peu près 4 portions.

BIFTECKS MINUTE

Prêts en moins de temps qu'il ne faut pour le dire!

Biftecks minute	6	6
Huile de cuisson	$^1/_4$ tasse	50 mL
Moutarde préparée	2 c. à thé	10 mL

Les biftecks doivent être à la température de la pièce.

Mélanger l'huile et la moutarde dans un petit bol ou une tasse. En badigeonner les deux côtés des biftecks. Cuire sur un gril chaud environ 2 minutes par côté pour un bifteck à demi saignant. Lorsque le gril est accaparé par de nombreux épis de maïs ou des légumes, ces biftecks sont une façon rapide de compléter le menu. Ceux qui ne sont pas friands de moutarde peuvent simplement badigeonner les biftecks d'huile. Donne 6 portions.

BIFTECKS DE RONDE TERIYAKI

Une marinade savoureuse pour rehausser une coupe qui ne vous ruinera pas.

MARINADE TERIYAKI

Sauce soja	²/₃ tasse	150 mL
Cassonade, tassée	¹/₂ tasse	125 mL
Sherry (ou sherry sans alcool)	¹/₄ tasse	50 mL
Huile de cuisson	2 c. à soupe	30 mL
Gingembre	1 c. à thé	5 mL
Gousse d'ail, émincée	1	1
Sel d'assaisonnement	¹/₂ c. à thé	2 mL
Bifteck de ronde	3¹/₃ lb	1,5 kg
Attendrisseur non épicé		

Marinade teriyaki - Mélanger les 8 premiers ingrédients dans un bol profond. Bien remuer.

Saupoudrer le bifteck d'attendrisseur. Percer la viande avec une fourchette. Retourner le bifteck et répéter l'opération. Laisser reposer 30 minutes. Découper le bifteck en bouchées. L'ajouter au contenu du bol. Couvrir et laisser macérer 2 jours au réfrigérateur. Avant de cuire la viande, la laisser reposer une demi-heure à la température de la pièce. Griller le bifteck à feu chaud, en le badigeonnant de marinade et en le retournant régulièrement, environ 7 minutes par côté pour un bifteck à demi saignant. Pour 6 personnes.

HAMBURGERS AU SON

Pour sortir de l'ordinaire, ajouter du son au bœuf pour lui donner un bon petit goût.

Bœuf haché	2 lb	1kg
Céréale de son entier	¹/₂ tasse	125 mL
Crème sure	¹/₂ tasse	125 mL
Oignon haché fin	³/₄ tasse	175 mL
Bouillon de bœuf en poudre	¹/₂ c. à thé	2 mL
Sel	2 c. à thé	10 mL
Lait	¹/₄ tasse	50 mL
Pains à hamburger, tranchés, grillés ou non, et beurrés (au goût)	10 à 12	10 à 12

Mélanger les 7 premiers ingrédients dans un grand bol. Former 10 à 12 palets. Après environ 10 minutes par côté sur un gril chaud, la viande sera à point.

Servir la viande dans les petits pains, avec des condiments, ou en guise de plat de résistance. Donne 10 à 12 hamburgers.

FOSSE À GRILLER

Une excellente façon de recevoir un groupe. Lire la recette en entier avant de commencer afin que tout se déroule bien. Augmenter ou réduire la quantité de viande selon les besoins.

**Gros rôti de ronde désossé
et roulé, prévoir environ
225 g (¹/₂ lb) par personne**

**Papier d'aluminium large
pour envelopper la viande**
**Fil de fer pour ficeler le rôti et
façonner une poignée pour
le soulever plus facilement**
**Bâton muni d'un crochet pour
soulever et abaisser la viande**
Cuve pour transporter la viande
Pelles pour creuser la fosse
**Contreplaqué et bâtons pour
couvrir la fosse**
Bois
Petit bois
Papier journal
**Plateau d'acier à rebord de
6 à 7,5 cm (2 à 3 po), avec du
gros fil de fer fixé aux coins**

Demander un rôti d'extérieur de ronde désossé et roulé et un rôti d'intérieur de ronde désossé et roulé. Le rôti d'extérieur de ronde sera long et uniformément rond et pèsera de 6,8 à 9 kg (15 à 20 lb). Le rôti d'intérieur de ronde sera plus court, un peu allongé aux extrémités et plus épais dans le milieu. Il pèsera entre 4,5 et 5,5 kg (10 à 12 lb).

Pour que les rôtis soient plus faciles à emballer et à manier, les couper en deux. Les emballer dans du papier d'aluminium doublé. Les ficeler avec le fil de métal, en laissant assez de fil pour façonner une poignée sur le dessus afin de pouvoir y passer le crochet pour abaisser la viande dans la fosse et l'en sortir.

On peut, si on le désire, assaisonner la viande avec du sel, du poivre, de la poudre d'ail et de la poudre d'oignon avant de l'emballer.

Creuser une fosse dépassant de 0,66 m (2 pi) la longueur et la largeur du plateau et de 1,6 m (5 pi) de profondeur.

Il faut beaucoup de bois. Remplir la fosse de bois en disposant les bûches en croisé, couche après couche, pour que l'air circule. Mettre plusieurs feuilles de papier journal bouchonné au milieu de la pile de bois, presque à hauteur de sol. Couvrir le dessus et les côtés de petit bois. Continuer d'empiler du bois pour faire un bûcher aussi haut que possible et aussi gros que la fosse.

(suite...)

Allumer le feu environ 2 heures avant de mettre la viande à cuire. Alors que le brasier se consume, les braises tombent dans la fosse. Au bout du compte, il ne devrait plus y avoir de flammes, mais plutôt une épaisse couche de braises chaudes. Placer quelques livres de viande sur le plateau. Abaisser le plateau dans la fosse jusqu'à ce qu'il repose sur les braises. Au moyen du bâton pourvu d'un crochet, déposer le reste de la viande sur le plateau.

Placer les sections de bois de 6 sur 12 cm (2 sur 4 po) en travers du trou, à intervalles de 0,6 m (2 pi).

Couvrir ces morceaux de bois avec le contreplaqué, en veillant à ce que celui-ci couvre entièrement les bords de la fosse. Couvrir le contreplaqué d'une couche de poussière d'environ 6 à 7,5 cm d'épaisseur (2 à 3 po). Observer la fosse pour voir s'il s'en échappe de la fumée ou de la vapeur. Le cas échéant, boucher le point de fuite avec de la poussière. Laisser la viande dans la fosse 8 à 10 heures.

Dégager le contreplaqué et le retirer, ainsi que les sections de bois. Avec le crochet, soulever la viande et la placer dans une cuve de métal. Transporter le tout jusqu'au lieu du repas pour découper la viande.

Remarque : on peut remplacer le rôti de bœuf par du porc ou de l'agneau.

BOUTS DE CÔTES

Une excellente façon d'apprêter les côtes de bœuf. Les côtes sont cuites à l'avance, il suffit donc de quelques instants pour en terminer la cuisson. De quoi se lécher les doigts!

Bouts de côtes de bœuf	4 lb	1,8 kg
Eau pour couvrir		
MARINADE POUR CÔTES		
Ketchup	1 tasse	250 mL
Vinaigre de cidre	3 c. à soupe	50 mL
Poudre d'ail (ou 1 gousse, émincée)	1/4 c. à thé	1 mL
Oignon haché fin	1/4 tasse	60 mL
Moutarde préparée	2 c. à thé	10 mL
Poivre	1/2 c. à thé	2 mL

Placer les côtes dans une marmite et les couvrir d'eau. Mijoter à découvert environ 1 heure, jusqu'à ce que les côtes soient tendres. Égoutter. Verser dans un grand bol.

Marinade pour côtes - Mélanger les 6 ingrédients dans un petit bol. Verser le mélange sur les côtes. Veiller à recouvrir chaque morceau de viande. Laisser reposer 30 minutes. Mettre la viande sur le gril huilé, à feu moyen. Cuire 20 à 30 minutes, en retournant et en arrosant de temps en temps. Donne 4 à 6 portions.

BIFTECKS DE RONDE SAVOUREUX

Une bonne marinade rehausse le goût de cette coupe.

MARINADE PIQUANTE

Vinaigre de vin rouge	¹/₂ tasse	125 mL
Sauce soja	¹/₄ tasse	50 mL
Gousse d'ail, émincée	1	1
Sauce Worcestershire	2 c. à soupe	30 mL
Moutarde préparée	2 c. à soupe	30 mL
Huile de cuisson	¹/₂ tasse	125 mL
Biftecks de ronde, 2 cm (³/₄ po) d'épaisseur	2¹/₂ lb	1 kg
Attendrisseur non épicé		

Marinade piquante - Mélanger les 6 premiers ingrédients dans un bol. Remuer.

Saupoudrer un côté du bifteck d'attendrisseur. Percer profondément la viande avec une fourchette. Retourner le bifteck et répéter l'opération. Laisser reposer 30 minutes. Découper le bifteck en bouchées. L'ajouter au contenu du bol. Couvrir et laisser macérer au réfrigérateur plusieurs heures ou toute une nuit. Griller le bifteck à feu chaud environ 15 minutes en tout pour un bifteck à demi saignant. Pour 4 ou 6 personnes.

BIFTECKS SATAY

Toujours un succès, comme plat de résistance ou hors-d'œuvre.

Biftecks de surlonge, 4 à 5 cm (1¹/₂ à 2 po) d'épaisseur	1¹/₂ lb	750 g
MARINADE SATAY		
Sauce soja	²/₃ tasse	150 mL
Sucre granulé	¹/₃ tasse	75 mL
Ketchup	2 c. à soupe	30 mL
Huile de cuisson	2 c. à soupe	30 mL
Poudre de gingembre	¹/₂ c. à thé	2 mL
Poudre d'ail	¹/₄ c. à thé	1 mL
Poudre d'oignon	¹/₄ c. à thé	1 mL

Couper le bifteck en longues tranches fines, ce qui est beaucoup plus aisé s'il est partiellement gelé. Faire tremper les brochettes de bois à l'avance pendant 30 minutes.

(suite...)

Marinade satay - Dans un bol muni d'un couvercle étanche, mélanger la sauce soja, le sucre, le ketchup, l'huile, le gingembre, la poudre d'ail et la poudre d'oignon. Bien mélanger. Ajouter les morceaux de viande en les enfonçant dans la marinade pour les couvrir. Fermer le bol. Laisser macérer entre une demi-heure et une heure, ou plus longtemps. Retourner le bol de temps en temps.

Enfiler les tranches de viande en accordéon sur les brochettes. Les déposer sur un plateau. Mettre les brochettes sur un gril très chaud. Cuire les brochettes 4 à 5 minutes, en les retournant à l'occasion, pour que la viande soit à demi saignante. Donne 3 portions comme plat de résistance et 6 portions en hors-d'œuvre.

Photo à la page 89.

BŒUF AU GINGEMBRE

Ce succulent plat se prépare dans un wok ou une grande poêle à frire. Servir sur un lit de riz.

MARINADE AU GINGEMBRE

Sauce soja	3 c. à soupe	50 mL
Sauce aux huîtres	2 c. à soupe	30 mL
Gingembre haché fin	1$\frac{1}{2}$ c. à soupe	25 mL
Sherry (ou sherry sans alcool)	2 c. à soupe	30 mL
Fécule de maïs	1 c. à soupe	15 mL
Sucre granulé	1 c. à thé	5 mL
Sel	$\frac{1}{2}$ c. à thé	2 mL
Bifteck de surlonge ou de flanc, coupé en grosses juliennes	1 lb	454 g
Huile de cuisson	2 c. à soupe	30 mL
Pak choi, coupé en courtes lanières	2 tasses	500 mL
Pois mange-tout, surgelés, dégelés	6 oz	170 g
Oignons verts, tranchés	4	4

Marinade au gingembre - Mélanger les 7 premiers ingrédients dans un bol profond. Bien remuer.

Ajouter la viande à ce mélange. Laisser macérer 30 minutes.

Faire chauffer l'huile dans un wok, sur un gril très chaud. Retirer la viande de la marinade et la placer dans le wok. Faire revenir en remuant pendant 4 minutes.

Ajouter le pak choi, les pois mange-tout et les oignons. Faire revenir en remuant jusqu'à ce que les légumes soient chauds mais encore croustillants, environ 6 minutes. Pour 2 personnes.

Remarque : on peut très bien doubler cette recette. Après avoir fait cuire une deuxième tournée, remettre la première dans le wok. Laisser sur le feu et remuer jusqu'à ce que le tout soit chaud.

BIFTECKS DE CÔTES D'ALOYAU

Cette coupe se sépare bien en portions individuelles.

MARINADE DE CÔTES D'ALOYAU

Sauce soja	²/₃ tasse	150 mL
Huile de cuisson	¹/₃ tasse	75 mL
Vinaigre de cidre	¹/₄ tasse	50 mL
Jus de citron	¹/₄ tasse	50 mL
Poivre	1 c. à thé	5 mL
Poudre d'ail (ou 2 gousses, émincées) au goût	¹/₂ c. à thé	2 mL
Biftecks de côtes d'aloyau, 2,5 cm (1 po) d'épaisseur	6	6

Marinade - Mélanger les 6 premiers ingrédients dans un petit bol.

Ôter l'excès de gras de la viande. Entailler le gras pour que le bifteck reste à plat en cuisant. Placer les biftecks dans le bol et les couvrir de marinade. Fermer le bol. Réfrigérer 6 à 8 heures. Ramener la viande à la température de la pièce. Cuire sur un gril huilé, à feu chaud. Pour que les biftecks soient à demi saignants, les cuire environ 7 minutes par côté. Pour 6 personnes.

Variante - Il n'est pas nécessaire de mariner ces biftecks. Saupoudrer les deux côtés de sel et de poivre durant la cuisson et les badigeonner de sauce barbecue de temps en temps, au goût.

Remarque : pour attendrir les biftecks, saupoudrer un côté d'attendrisseur non assaisonné. Percer avec une fourchette. Retourner le bifteck et répéter l'opération. Laisser la viande reposer 30 minutes avant de la griller ou de la mettre à mariner.

BIFTECKS À LA MOUTARDE

La plus simple de toutes les marinades, mais combien savoureuse.

Moutarde préparée	1 c. à soupe	15 mL
Huile à salade	1 c. à soupe	15 mL
Biftecks de surlonge, 2 cm (³/₄ po) d'épaisseur	2¹/₂ lb	1,14 kg

Combiner la moutarde et l'huile jusqu'à ce que le mélange soit lisse.

Badigeonner les deux côtés des biftecks de ce mélange. Laisser reposer 30 minutes à la température de la pièce. Cuire sur un gril chaud environ 7 minutes par côté pour un bifteck à demi saignant. Pour 4 ou 5 personnes.

TOURNEDOS AU BLEU

Une délicieuse façon d'apprêter ce tendre morceau.

Tournedos	6	6
Huile de cuisson		
Fromage bleu, ramolli	¼ tasse	50 mL
Beurre ou margarine, ramolli	½ tasse	125 mL

Badigeonner les tournedos d'une mince couche d'huile. Saisir les tournedos. Les cuire sur un gril chaud, 6 ou 7 minutes par côté si on les désire à demi saignants.

Mélanger en purée le fromage et le beurre. Servir les tournedos garnis de ce mélange. Pour 6 personnes.

BŒUF HACHÉ FARCI

Un pain de bœuf haché fourré fait un agréable changement.

Chapelure	⅔ tasse	150 mL
Flocons d'oignon	2 c. à thé	10 mL
Flocons de persil	½ c. à thé	2 mL
Assaisonnement à volaille	¼ c. à thé	1 mL
Sel	⅛ c. à thé	0,5 mL
Poivre, petite pincée		
Sauce Worcestershire	½ c. à thé	2 mL
Eau	2 c. à soupe	30 mL
Bœuf haché	2 lb	1 kg
Sel	1 c. à thé	5 mL
Poivre	⅛ c. à thé	0,5 mL

Mettre les 7 premiers ingrédients dans un bol. Mélanger. Ajouter l'eau. Mélanger. Le mélange devrait se diviser facilement en boulettes.

Mettre le bœuf haché dans un autre bol. Saupoudrer avec la deuxième quantité de sel et de poivre. Bien mélanger. Diviser en 12 boulettes. Les aplatir pour former des palets. Répartir le mélange de chapelure sur 6 des palets, loin des bords. Recouvrir avec les 6 autres palets. Presser les bords pour sceller. Cuire sur un gril chaud environ 10 minutes par côté, jusqu'à ce que les palets soient à point. Donne 6 portions.

BOUTS DE CÔTES DÉSOSSÉS

Commencer la préparation la veille. Il suffit de quelques minutes pour saupoudrer la viande d'attendrisseur avant de la réfrigérer. Des côtes tout en viande.

Bouts de côtes de bœuf	**3 lb**	**1,35 kg**
Attendrisseur non assaisonné		
Jus d'ananas	1¼ tasse	300 mL
Sauce soja	¼ tasse	50 mL
Cassonade	1 c. à soupe	15 mL
Gingembre	¼ c. à thé	1 mL

Enlever la viande des os. Ôter le gras. Saupoudrer la viande d'attendrisseur. Percer avec une fourchette. Répéter sur l'autre côté. Déposer la viande sur une assiette, en une seule couche. Couvrir. Réfrigérer toute une nuit.

Dans un récipient suffisamment grand pour y déposer la viande en une seule couche, mélanger le jus d'ananas, la sauce soja, le sucre et le gingembre. Ajouter la viande. Retourner la viande pour l'enduire de sauce. Laisser le tout au réfrigérateur pendant 5 heures. Retourner à l'occasion. Retirer la viande de la sauce et la déposer sur un gril, à feu moyen. Arroser de sauce. Retourner. Arroser de nouveau. Cuire les côtes jusqu'à ce qu'elles soient foncées, les retournant et les arrosant à l'occasion, environ 20 à 25 minutes en tout, jusqu'à ce qu'elles soient tendres. Donne 4 portions.

Photo à la page 17.

1. Punch frappé page 42
2. Boisson aux cerises page 41
3. Pilons de poulet page 115
4. Potée de fèves et saucisses page 92
5. Saucisses au beurre d'arachides page 97
6. Choucroute en sandwich page 94
7. Nachos page 10
8. Pizza au gril page 44
9. Petits épis de maïs au barbecue page 134
10. Couronne de saucisses page 100

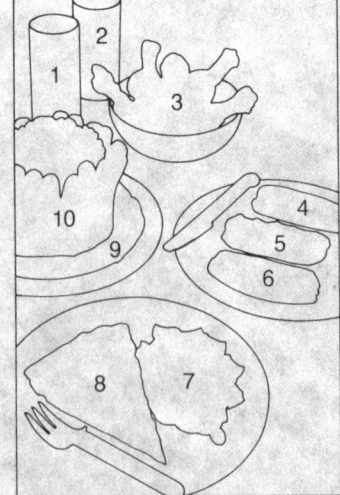

HAMBURGERS STYLE PIZZA

Servis sur des tranches de pain français. Ajouter des légumes et une salade, et le repas est complet.

Bœuf haché maigre	**1 lb**	**454 g**
Chapelure	**$^1/_3$ tasse**	**75 mL**
Oignon haché fin	**$^1/_3$ tasse**	**75 mL**
Parmesan râpé	**$^1/_4$ tasse**	**50 mL**
Pâte de tomates	**5$^1/_2$ oz**	**156 mL**
Sel	**1 c. à thé**	**5 mL**
Poivre	**$^1/_4$ c. à thé**	**1 mL**
Origan	**$^1/_2$ c. à thé**	**2 mL**
Tranches de mozzarella	**6**	**6**
Tranches de tomate	**6**	**6**
Tranches de champignons	**24**	**24**
Poivron vert, en dés	**30**	**30**
Cheddar mi-fort, râpé	**6 c. à soupe**	**100 mL**
Tranches de pain français, grillées et beurrées	**6**	**6**

Combiner les 8 premiers ingrédients dans un bol de taille moyenne. Bien mélanger le tout. Diviser la viande en 6 palets ovales. Cuire sur un gril huilé, à feu chaud, environ 10 minutes par côté, jusqu'à ce que la viande soit à point.

Déposer une tranche de mozzarella, une tranche de tomate, 4 tranches de champignons et 5 dés de poivron vert sur chaque palet. Répandre un peu de cheddar râpé sur le tout.

Servir chaque palet sur une tranche de pain français beurrée et grillée. Donne 6 portions.

FRICASSÉ COMPLET

Préparation simple et savoureuse. Remplacer le wok par une grande poêle si celui-ci n'est pas pourvu de poignées à l'épreuve de la chaleur.

Huile de cuisson	3 c. à soupe	50 mL
Bifteck de surlonge, coupé en tranches très fines	1 lb	454 g
Champignons, tranchés	2 tasses	500 mL
Oignons, tranchés	2 tasses	500 mL
Céleri, tranché	2 tasses	500 mL
Oignons verts, tranchés	10 à 12	10 à 12
Pousses de bambou en conserve, égouttées, en juliennes	10 oz	284 mL
Petit poivron rouge, coupé en juliennes	1	1
Épinards en conserve, égouttés et hachés	1/2 tasse	125 mL
Sauce soja	1/4 tasse	50 mL
Sucre granulé	2 c. à thé	10 mL
Bouillon de bœuf en poudre	1 c. à thé	5 mL
Eau chaude	1/2 tasse	125 mL

Faire chauffer l'huile dans le wok, sur le gril, à feu moyen. Ajouter les tranches de steak. Faire dorer la viande.

Ajouter les 6 ingrédients suivants. Remuer. Couvrir. Cuire 5 minutes.

Ajouter les épinards, la sauce soja et le sucre. Mélanger.

Dissoudre le bouillon de bœuf dans l'eau chaude. Verser dans le wok. Faire revenir en remuant jusqu'à attendrir les légumes, 10 à 15 minutes. Donne 3 portions.

HAMBURGERS SUMMUM

Une vieille ruse éprouvée pour relever le goût de la viande : l'assaisonner avec du mélange à soupe à l'oignon.

Bœuf haché	2 lb	900 g
Eau	3/4 tasse	175 mL
Sachet de mélange à soupe à l'oignon	1	1
Chapelure	1/3 tasse	75 mL
Pains à hamburger, tranchés et beurrés	10	10
Feuilles de laitue	10	10
Tranches d'oignon	10	10
Tranches de tomate	10	10

(suite...)

Mélanger le bœuf haché et l'eau dans un bol de taille moyenne.

Ajouter le mélange à soupe et la chapelure. Bien mélanger le tout. Diviser la viande en 10 palets. Cuire sur un gril chaud environ 10 minutes par côté, jusqu'à ce que la viande soit à point.

Placer une feuille de laitue sur chaque petit pain, puis une tranche d'oignon et une de tomate. Déposer les palets par-dessus. Recouvrir avec l'autre moitié du petit pain. Servir avec du ketchup et du relish. Donne 10 portions.

Photo à la page 53.

PALETS DE BŒUF HACHÉ - Servir sans les pains, en guise de plat de viande.

HAMBURGERS

Un repas tout en viande qui plaît toujours.

Bœuf haché	2 lb	1 kg
Sauce Worcestershire	2 c. à soupe	30 mL
Sel	1$\frac{1}{2}$ c. à thé	7 mL
Poivre	$\frac{1}{4}$ c. à thé	1 mL
Pains à hamburger, tranchés, grillés ou non, et beurrés (au goût)	10	10

Bien mélanger les 4 premiers ingrédients. Diviser la viande en 10 palets ou moins, selon la taille voulue. En moyenne, on compte 5 palets par livre (454 g). Cuire sur un gril chaud environ 10 minutes par côté, jusqu'à ce que la viande soit à point. Garnir de condiments divers.

Mettre les palets dans les pains. Servir avec des condiments. Donne 10 portions.

Remarque : les palets seront plus tendres si le bœuf haché contient un peu de gras au lieu d'être très maigre.

HAMBURGERS AU FROMAGE - Après avoir retourné les palets, les laisser sur le gril jusqu'à ce qu'ils soient presque cuits. Déposer une tranche de fromage sur chacun pour qu'elle fonde pendant la fin de la cuisson.

PLATEAU DE CONDIMENTS - Disposer des condiments, comme des tranches de fromage, des oignons tranchés ou hachés, cuits ou crus, des tomates tranchées, des cornichons, du ketchup, de la moutarde, du relish sucré et de la laitue, sur un plateau et les servir avec les hamburgers.

BROCHETTES DE BOULETTES

La brochette est servie comme plat de résistance, les boulettes, comme hors-d'œuvre.

Beurre ou margarine	1 c. à soupe	15 mL
Oignon haché fin	$^1/_3$ tasse	75 mL
Blanc d'œuf	1	1
Paprika	1 c. à thé	5 mL
Sel	$^3/_4$ c. à thé	4 mL
Poivre	$^1/_8$ c. à thé	0,5 mL
Poudre d'ail	$^1/_8$ c. à thé	0,5 mL
Bœuf haché maigre	1 lb	454 g
Gros morceaux d'oignon, 3 ou 4 feuilles d'épaisseur	40	40
Tomates cerises	40	40
Têtes de champignons	40	40
Huile de cuisson		

Faire fondre le beurre dans une poêle à frire. Ajouter l'oignon et faire revenir jusqu'à attendrir. Laisser refroidir.

Dans un grand bol, bien battre ensemble le blanc d'œuf, le paprika, le sel, le poivre et la poudre d'ail. Y ajouter l'oignon.

Ajouter le bœuf haché. Mélanger. Séparer en boulettes de 2,5 cm (1 po) de diamètre.

Enfiler les boulettes sur les brochettes (faire tremper les brochettes de bois à l'avance pendant 30 minutes), en alternant avec les légumes. Cuire sur le gril, à feu chaud, environ 20 minutes en tout, jusqu'à ce que la viande soit à point.

Badigeonner d'huile de temps en temps. Donne 40 boulettes. Donne 4 portions comme plat de résistance et 8 ou 9 comme hors-d'œuvre.

Photo à la page 125.

BROCHETTES DE BŒUF

On peut substituer de la viande coupée en cubes au bifteck de surlonge.

Bifteck de surlonge, 4 cm (1½ po) d'épaisseur	2 lb	900 g
SAUCE POUR ARROSER		
Ketchup	⅓ tasse	75 mL
Vinaigre de cidre	¼ tasse	50 mL
Sauce soja	2 c. à soupe	30 mL
Mélasse	2 c. à soupe	30 mL

Couper la viande en cubes de 4 cm (1½ po) de côté. Enfiler sur des brochettes courtes (faire tremper les brochettes de bois à l'avance pendant 30 minutes), à raison de 4 morceaux par brochette.

Sauce pour arroser - Mélanger tous les ingrédients ensemble. Cuire les brochettes sur un gril huilé, à feu chaud. Arroser souvent les brochettes vers la fin de la cuisson. Cuire environ 20 minutes en tout pour que la viande soit à demi saignante. Prévoir 2 brochettes par personne. Pour 5 ou 6 personnes.

BROCHETTES SIMPLES - Pendant la cuisson, badigeonner la viande à plusieurs reprises avec de l'huile ou une sauce barbecue.

BOISSON AUX CERISES

Une jolie boisson rose foncé au goût rafraîchissant.

Gélatine en poudre à saveur de cerise, format 4 portions	1	1
Eau chaude	2 tasses	450 mL
Sucre granulé	¼ tasse	50 mL
Sel	⅛ c. à thé	0,5 mL
Eau froide	3 tasses	700 mL
Jus de citron	⅓ tasse	75 mL
Ginger ale	2 tasses	450 mL

Dissoudre la gélatine dans l'eau chaude, dans un broc.

Ajouter le sucre et le sel. Remuer pour dissoudre. Ajouter l'eau froide et le jus de citron. Réfrigérer.

Au moment de servir, ajouter le ginger ale. Servir dans des grands verres, sur glaçons. Donne 1,7 L (7½ tasses).

Photo à la page 35.

ORANGEADE

La recette traditionnelle - incomparable!

Eau	4 tasses	900 mL
Sucre granulé	1/2 tasse	125 mL
Jus de 4 oranges	4	4
Jus d'un citron	1	1

Verser l'eau et le sucre dans un broc. Remuer pour dissoudre le sucre.

Ajouter le jus des oranges et du citron. Remuer. Réfrigérer. Donne 1,35 L (6 tasses).

Photo à la page 89.

PUNCH VARIÉTÉ

Une boisson couleur soleil au goût d'été.

Eau	2 tasses	500 mL
Sucre granulé	1/3 tasse	75 mL
Jus de pamplemousse	2 tasses	500 mL
Jus d'ananas	1 tasse	250 mL
Jus de 2 oranges	2	2
Jus de 2 citrons	2	2

Mélanger l'eau et le sucre dans un broc. Remuer pour dissoudre le sucre.

Ajouter les autres ingrédients. Réfrigérer. Servir sur glaçons. Donne 1,4 L (5 1/2 tasses).

PUNCH FRAPPÉ

Un punch jaune foncé à saveur de pamplemousses et d'oranges.

Eau	2 tasses	450 mL
Sucre granulé	1/3 tasse	75 mL
Jus de pamplemousse	2 tasses	450 mL
Jus de 4 oranges	4	4
Jus de 2 citrons	2	2

Mélanger l'eau et le sucre dans un broc. Remuer pour dissoudre le sucre.

Ajouter le jus de pamplemousse, des oranges et des citrons. Réfrigérer. Servir sur glaçons. Donne 1,35 L (6 tasses).

Photo à la page 35.

LIMONADE

De la vraie limonade, y compris les petits brins de pulpe. Le sirop se conserve longtemps au réfrigérateur ou au congélateur. L'acide tartrique et citrique se trouve en pharmacie.

Citrons	**12**	**12**
Sucre granulé	**10 tasses**	**2,25 L**
Acide tartrique	**1 oz**	**28 g**
Acide citrique	**1 oz**	**28 g**
Eau bouillante	**7 tasses**	**1,5 L**

Presser les citrons et faire chauffer le jus dans une casserole, à feu moyen. Ajouter le sucre, l'acide tartrique, l'acide citrique et l'eau. Remuer pour dissoudre le sucre. Retirer du feu. Réfrigérer. Pour servir, mélanger une mesure de sirop pour 3 mesures d'eau froide, dans un broc ou dans des verres. Pour un goût plus prononcé, augmenter la dose de sirop. Donne 3,6 L (16 tasses). Ôter la pulpe en passant la limonade à l'étamine.

Photo sur la couverture.

LIMONADE ROSE - Ajouter un peu de grenadine à la préparation.

PAIN À L'AIL

Le pain peut être tranché complètement ou de sorte qu'il ne se défasse pas. Complète tous les menus.

Miche de pain français, coupée en tranches d'au moins 2,5 cm (1 po) d'épaisseur	**1**	**1**
Beurre ou margarine, ramolli	**½ tasse**	**125 mL**
Sel d'ail	**½ c. à thé**	**2 mL**
Flocons de persil	**1 c. à thé**	**5 mL**

Trancher le pain en coupe droite ou en angle, au choix.

Bien mélanger le beurre, le sel d'ail et le persil. Tartiner les deux côtés des tranches. Redonner sa forme au pain, sur une longue feuille de papier d'aluminium. Emballer. Chauffer sur le gril, à feu moyen, 10 à 15 minutes. Retourner souvent.

MUFFINS DE MAÏS

Un agréable substitut au pain ou aux petits pains qui accompagnent généralement un barbecue.

Farine tout usage	1¼ tasse	300 mL
Semoule de maïs	³/₄ tasse	175 mL
Sucre granulé	¼ tasse	50 mL
Poudre à pâte	2 c. à thé	10 mL
Sel	½ c. à thé	2 mL
Œuf	1	1
Huile de cuisson	¼ tasse	50 mL
Yaourt nature	1 tasse	250 mL

Verser les 5 premiers ingrédients dans un bol. Remuer.

Dans un petit bol, légèrement battre l'œuf à la cuillère. Ajouter l'huile et le yaourt. Mélanger. Ajouter aux ingrédients secs. Remuer juste assez pour humecter le mélange. Remplir aux trois quarts un moule à muffins graissé. Cuire suivant la méthode de cuisson indirecte (voir page 149) dans un barbecue très chaud fermé jusqu'à ce qu'un cure-dents inséré dans un muffin ressorte sec, soit 20 à 25 minutes. Tourner le moule à mi-cuisson. Laisser les muffins refroidir 5 minutes avant de les démouler. Ou cuire les muffins dans un four conventionnel, à 400 ºF (200 ºC) 20 à 25 minutes. Donne 12 muffins de taille moyenne. Pour réchauffer les muffins, les emballer dans du papier d'aluminium et les placer sur le barbecue.

MUFFINS CONFETTI - Ajouter 3 c. à soupe (50 mL) d'oignons verts hachés et 2 c. à soupe (30 mL) de poivron vert et de poivron rouge haché.

Photo à la page 17.

PIZZA AU GRIL

Un régal peu ordinaire qui se prépare avec n'importe quelle viande.

Mélange à pâte à biscuits	2 tasses	500 mL
Lait	½ tasse	125 mL
Sauce spaghetti ou à pizza	1 tasse	250 mL
Mozzarella, râpé	2 tasses	500 mL
Champignons frais, tranchés	1 tasse	250 mL
Viande cuite tranchée, pepperoni, salami, saucisses ou viandes préparées, fraîches ou en conserve	1 tasse	250 mL
Oignons verts, hachés	½ tasse	125 mL
Poivron rouge, haché	½ tasse	125 mL
Mozzarella, râpé	1 tasse	250 mL

(suite...)

Combiner le mélange à pâte à biscuits et le lait dans un bol. Former une boule de pâte douce. L'abaisser jusqu'à couvrir une tôle à pizza graissée de 30 cm (12 po). Cuire au barbecue fermé, à feu indirect très chaud (voir page 149) environ 15 minutes. Tourner la tôle à mi-cuisson. La croûte ne devrait pas être complètement cuite.

Étaler la sauce à spaghetti sur la croûte.

Ajouter les 5 ingrédients suivants en couches, dans l'ordre.

Saupoudrer le tout de mozzarella râpé. Remettre la pizza sur le barbecue. Cuire suivant la même méthode jusqu'à ce que la croûte soit très chaude et que le fromage ait fondu, environ 15 minutes. Couper en 6 pointes.

Variante - Pour marquer une occasion spéciale comme un anniversaire, écrire l'âge de l'invité d'honneur avec des lanières de poivrons rouge et vert auxquelles on peut facilement donner la forme d'un chiffre.

Photo à la page 35.

MUFFINS AUX BLEUETS

Cuits en plein air, ils sont délicieux au petit déjeuner ou au goûter, rehaussés d'un peu de citron.

Beurre ou margarine, ramolli	¹/₄ tasse	50 mL
Sucre granulé	¹/₄ tasse	50 mL
Œuf	1	1
Farine tout usage	1³/₄ tasse	450 mL
Poudre à pâte	4 c. à thé	20 mL
Sel	¹/₂ c. à thé	2 mL
Zeste de citron râpé	1 c. à thé	5 mL
Lait	1 tasse	250 mL
Farine tout usage	¹/₄ tasse	50 mL
Bleuets, frais ou surgelés	1 tasse	250 mL

Battre en crème le beurre et le sucre. Incorporer l'œuf.

Dans un autre bol, combiner la première quantité de farine, la poudre à pâte, le sel et le zeste de citron. Mélanger.

Ajouter le mélange de farine au mélange de beurre en 3 fois, en alternant avec le lait, en commençant et en terminant par les ingrédients secs.

Mélanger les bleuets avec le reste de la farine. Les ajouter au mélange, en remuant doucement. Remplir aux trois quarts un moule à muffins graissé. Cuire suivant la méthode de cuisson indirecte (voir page 149), dans un barbecue très chaud fermé, environ 25 minutes. Tourner le moule à mi-cuisson. Ou cuire dans un four conventionnel, à 400 °F (200 °C), environ 25 minutes. Donne 12 muffins de taille moyenne.

Photo à la page 71.

PETITS PAINS AU BARBECUE

Des petits pains sont toujours bienvenus, au petit déjeuner, au dîner ou au souper.

Farine tout usage	2 tasses	450 mL
Poudre à pâte	4 c. à thé	20 mL
Bicarbonate de soude	$^1/_2$ c. à thé	2 mL
Sel	$^3/_4$ c. à thé	4 mL
Beurre ou margarine	3 c. à soupe	50 mL
Lait sur, voir remarque	$^3/_4$ tasse	175 mL

Verser la farine, la poudre à pâte, le bicarbonate de soude et le sel dans un bol. Y couper le beurre jusqu'à consistance granuleuse.

Ajouter le lait sur. Mélanger jusqu'à obtenir une boule de pâte. Pétrir 8 à 10 fois sur une surface légèrement enfarinée. Abaisser la pâte à 2 cm ($^3/_4$ po). La déposer sur une feuille de papier d'aluminium doublée et graissée. Cuire suivant la méthode de cuisson indirecte (voir page 149), dans un barbecue très chaud fermé, environ 12 minutes. Tourner le moule à mi-cuisson. Couper en petits pains carrés ou déchirer en morceaux. Donne 16 pains.

Remarque : pour surir le lait, y ajouter 15 mL (1 c. à soupe) de vinaigre dans une tasse à mesurer. Remuer.

Photo à la page 17.

PETITS PAINS À LA MAYONNAISE

Cuits au barbecue ou au four, mais toujours délicieux!

Farine tout usage	2 tasses	500 mL
Poudre à pâte	2 c. à thé	10 mL
Sel	$^1/_4$ c. à thé	1 mL
Lait	1 tasse	250 mL
Mayonnaise	$^1/_2$ tasse	125 mL

Mélanger la farine, la poudre à pâte et le sel dans un bol.

Ajouter le lait et la mayonnaise. Bien mélanger. Déposer en cuillerées sur une tôle graissée. Cuire suivant la méthode de cuisson indirecte (voir page 149), dans un barbecue très chaud fermé, environ 20 minutes. Tourner le moule à mi-cuisson. Ou cuire dans un four conventionnel, à 400 °F (200 °C) environ 20 minutes. Donne 12 petits pains.

Photo à la page 17.

YORKSHIRE PUDDING

Le complément naturel d'un rôti de bœuf cuit au barbecue. Profiter que la viande repose avant d'être tranchée pour cuire les puddings.

Farine tout usage	1 tasse	250 mL
Œufs	2	2
Sel	$1/2$ c. à thé	2 mL
Lait	1 tasse	250 mL
Jus du rôti ou de cuisson	2 c. à soupe	30 mL

Dans un petit bol, battre la farine, les œufs, le sel et le lait.

Couvrir le fond d'un récipient peu profond mesurant 22 x 22 cm (9 x 9 po) avec le jus du rôti ou de l'huile. Faire chauffer sur un gril très chaud jusqu'à ce que le jus grésille. Verser la pâte dans le récipient en une couche de 60 mm ($1/4$ po) d'épaisseur. Cuire suivant la méthode de cuisson indirecte (voir page 149), dans un barbecue très chaud fermé, environ 30 minutes. Surveiller de près. Tourner le plat à mi-cuisson. Ou cuire dans un four conventionnel, à 450 °F (230 °C) environ 30 minutes. Donne 9 puddings.

PAIN AU LAIT SUR

Un pain sans levure qui a bon goût, particulièrement grillé.

Farine tout usage	4 tasses	1 L
Crème de tartre	2 c. à thé	10 mL
Bicarbonate de soude	1 c. à thé	5 mL
Sucre granulé	1 c. à thé	5 mL
Sel	$1/2$ c. à thé	2 mL
Œuf, battu	1	1
Huile de cuisson	2 c. à soupe	30 mL
Lait sur, voir remarque	$1^1/2$ tasse	400 mL

Verser la farine, la crème de tartre, le bicarbonate de soude, le sucre et le sel dans un bol. Remuer.

Ajouter l'œuf, l'huile et le lait sur. Remuer pour bien mélanger. La pâte sera collante. La placer dans un moule à pain de 23 x 12 x 7 cm (9 x 5 x 3 po) graissé. Cuire suivant la méthode de cuisson indirecte (voir page 149), dans un barbecue fermé à chaleur moyenne, 45 à 55 minutes ou cuire dans un four conventionnel, à 350 °F (180 °C) environ 45 à 55 minutes. Tourner le moule à mi-cuisson. Donne 1 pain.

Remarque : pour surir le lait, y ajouter 25 mL ($1^1/2$ c. à soupe) de vinaigre dans une tasse à mesurer. Remuer.

Photo à la page 143.

MUFFINS DE SON

Quel plaisir de cuire ces muffins au grand air.

Mélasse	¹/₄ tasse	50 mL
Œuf	1	1
Beurre ou margarine, ramolli	¹/₄ tasse	50 mL
Sucre granulé	¹/₄ tasse	50 mL
Lait	³/₄ tasse	200 mL
Vanille	1 c. à thé	5 mL
Farine tout usage	1 tasse	250 mL
Céréale de son entier ou naturel	1 tasse	250 mL
Poudre à pâte	2¹/₂ c. à thé	12 mL
Sel	¹/₂ c. à thé	2 mL

Mettre les 4 premiers ingrédients dans un bol. Les battre jusqu'à obtenir un mélange lisse.

Ajouter le lait peu à peu, puis la vanille.

Mettre les autres ingrédients dans un bol. Bien mélanger. Incorporer ce mélange au premier. Remplir aux trois quarts un moule à muffins graissé. Cuire suivant la méthode de cuisson indirecte (voir page 149) dans un barbecue très chaud fermé environ 20 minutes, jusqu'à ce qu'un cure-dents inséré dans un muffin ressorte sec. Tourner le moule mi-cuisson. Ou cuire les muffins dans un four conventionnel, à 400 °F (200 °C) environ 20 minutes. Donne 12 muffins de taille moyenne.

Photo à la page 71.

TARTINES GRILLÉES AU PAVOT

Différentes et savoureuses.

Beurre ou margarine, ramolli	1 tasse	250 mL
Graines de pavot	6 c. à soupe	100 mL
Miche de pain français, coupée en tranches épaisses	1	1

Mélanger le beurre et les graines de pavot.

Étaler environ la moitié du beurre sur les deux côtés des tranches de pain. Faire griller les tartines, des deux côtés, directement sur un gril chaud. Beurrer de nouveau un côté des tartines et servir.

SANDWICHES AU POULET

Il faut un moule à charnière pour cuire ces sandwiches. On peut se procurer ces moules dans les magasins d'articles de camping.

Poulet cuit, en flocons ou haché fin	1 tasse	250 mL
Farine d'amandes	$1/3$ tasse	75 mL
Céleri, haché fin	$1/4$ tasse	50 mL
Jus de citron	1 c. à thé	5 mL
Sel	$1/2$ c. à thé	2 mL
Poivre	$1/16$ c. à thé	0,5 ml
Sauce à salade (comme Miracle Whip)	3 c. à soupe	50 mL
Tranches de pain, beurrées	12	12

Mélanger les 7 premiers ingrédients dans un bol moyen. Ajouter de la mayonnaise, au besoin, pour que le mélange soit facile à tartiner.

Placer 2 tranches de pain dans le moule à charnière, côté beurré contre les parois. Déposer $1/6$ du mélange de poulet au centre. Fermer le moule. Arracher le pain qui dépasse. Cuire sur le gril à feu chaud jusqu'à ce que le pain soit grillé des deux côtés. Donne 6 sandwiches.

Remarque : on peut aussi cuire les sandwiches dans un panier à griller plat (côté beurré vers l'extérieur) à feu doux jusqu'à ce qu'ils soient grillés et chauds.

SANDWICHES AU POULET À LA DIABLE

Le signe d'un véritable pique-nique en plein air? Quand on se sert d'un moule à charnière pour cuire ces sandwiches.

Poulet cuit, haché fin	$1/2$ tasse	125 mL
Œufs durs, hachés fin	2	2
Poivron vert, émincé	3 c. à soupe	50 mL
Mayonnaise	3 c. à soupe	50 mL
Moutarde préparée	1 c. à thé	5 mL
Sel	$1/2$ c. à thé	2 mL
Poivre	$1/8$ c. à thé	0,5 mL
Tranches de pain, beurrées	8	8

Mélanger les 7 premiers ingrédients dans un bol.

Placer 2 tranches de pain dans le moule, côté beurré contre les parois. Déposer $1/4$ du mélange de poulet au centre. Fermer le moule. Arracher le pain qui dépasse. Cuire sur le gril à feu chaud jusqu'à ce que le pain soit grillé des deux côtés. Donne 4 sandwiches.

Remarque : on peut cuire les sandwiches dans un panier à griller plat (côté beurré vers l'extérieur) à feu doux jusqu'à ce qu'ils soient grillés et chauds. Les magasins d'articles de camping vendent des moules à charnière.

SANDWICHES AU THON

Un dîner prêt en un rien de temps.

Thon, égoutté et en flocons	6¹/₂ oz	184 g
Cheddar mi-fort, râpé	1 tasse	250 mL
Mayonnaise	3 c. à soupe	50 mL
Relish de cornichons sucrés	2 c. à soupe	30 mL
Moutarde préparée	2 c. à thé	10 mL
Poudre d'oignon	1 c. à thé	5 mL
Pains à hamburger, séparés et beurrés	6	6

Mettre les 7 premiers ingrédients dans un bol. Bien mélanger.

Déposer le mélange à la cuillère sur les pains. Envelopper chaque pain individuellement dans du papier d'aluminium. Cuire au barbecue à feu moyen, environ 5 minutes de chaque côté. On peut substituer des pains à hot-dog aux pains à hamburger; il suffit alors de ne pas les séparer complètement avant d'y déposer le thon. Donne 6 sandwiches.

PAIN AU FROMAGE

Un bon pain à avoir sous la main, déjà enveloppé dans du papier d'aluminium. Le réchauffer sur la grille, au même au four si le barbecue est plein.

Beurre ou margarine, ramolli	¹/₂ tasse	125 mL
Fromage préparé râpé (voir remarque)	¹/₂ tasse	125 mL
Poudre d'oignon	¹/₂ c. à thé	2 mL
Sel	¹/₈ c. à thé	0,5 mL
Miche de pain français	1	1

Mélanger le beurre, le fromage, la poudre d'oignon et le sel.

Couper le pain en tranches épaisses, en angle. Tartiner les deux côtés des tranches avec le mélange de beurre. Reconstituer la miche et l'envelopper dans une double épaisseur de papier d'aluminium. Séparer la miche en deux si elle est trop longue pour tenir dans le barbecue. Chauffer sur le gril, à feu moyen, jusqu'à ce que le pain soit bien chaud, environ 10 minutes.

TRANCHES GRATINÉES - Tartiner les deux côtés d'épaisses tranches de pain avec le mélange de fromage. Griller les deux côtés sur le gril, à feu moyen.

Remarque : le fromage préparé râpé est un produit fabriqué par Kraft. Il s'agit d'un fromage cheddar râpé fin dont la texture rappelle celle du fromage parmesan râpé vendu en magasin.

CRÊPES DE BABEURRE

La poêle sur le barbecue, et voilà pour le brunch en plein air.

Farine tout usage	2 tasses	500 mL
Poudre à pâte	2 c. à thé	10 mL
Bicarbonate de soude	1 c. à thé	5 mL
Sel	1 c. à thé	5 mL
Babeurre	2 tasses	500 mL
Huile de cuisson	2 c. à soupe	30 mL
Œufs	2	2

Verser la farine, la poudre à pâte, le bicarbonate de soude et le sel dans un bol. Mélanger.

Ajouter le babeurre, l'huile et les œufs. Remuer jusqu'à ce que le tout soit mélangé. Chauffer la poêle sur un gril chaud. Pour tester la chaleur de la poêle, y laisser tomber quelques gouttes d'eau. Si les gouttes ne bougent pas et grésillent, la poêle n'est pas assez chaude. Si elles s'évaporent instantanément, la poêle est trop chaude. Si les gouttes dansent au fond de la poêle, celle-ci est à la bonne température. Légèrement graisser la poêle avant de cuire les premières crêpes. Il ne devrait pas être nécessaire de rajouter de graisse après cela. Lorsque le dessus de la crêpe gonfle, la retourner pour dorer l'autre côté. Servir les crêpes chaudes avec du beurre et du sirop, voir la recette de sirop de cassonade, page 86. Donne à peu près 12 crêpes.

Photo à la page 71.

SANDWICHES DE CORNED-BEEF

Simples, rapides et très bons.

Corned-beef, émietté	12 oz	340 g
Ketchup	1/4 tasse	50 mL
Flocons d'oignon	1 c. à soupe	15 mL
Moutarde préparée	2 c. à thé	10 mL
Sauce Worcestershire	1 c. à thé	5 mL
Tranches de pain, beurrées	12	12
Mayonnaise (au goût)		

Mélanger les 5 premiers ingrédients dans un bol.

Mettre 6 tranches de pain beurrées sur le comptoir, face en bas. Les tartiner de mayonnaise. Couvrir du mélange de corned-beef. Recouvrir avec les 6 autres tranches de pain, côté beurré vers le haut. Griller dans un panier, à feu doux, jusqu'à ce que les sandwiches soient dorés et chauds. Donne 6 sandwiches.

PAIN DE SON

Ce pain consistant, coupé en 16 tranches, contient 37 millilitres (deux cuillerées à soupe et demie) de son par tranche.

Farine tout usage	4 tasses	900 mL
Son naturel	2 tasses	450 mL
Céréale de flocons de son	$1/2$ tasse	125 mL
Poudre à pâte	$2^1/2$ c. à soupe	35 mL
Sel	2 c. à thé	10 mL
Mélasse	3 c. à soupe	50 mL
Lait	$1^3/4$ tasse	400 mL
Huile de cuisson	1 c. à soupe	15 mL

Mettre la farine, le son, les céréales, la poudre à pâte et le sel dans un grand bol. Mélanger. Creuser un cratère au milieu du mélange.

Y verser la mélasse, le lait et l'huile. Mélanger légèrement, jusqu'à obtenir une boule de pâte. Pétrir 8 à 10 fois sur une surface légèrement enfarinée. Déposer la pâte dans un moule à pain de 23 × 12 cm (9 × 5 po) graissé. Couvrir d'une feuille de papier d'aluminium bombée au milieu pour accommoder le gonflement à la cuisson. Cuire suivant la méthode de cuisson indirecte (voir page 149), dans un barbecue fermé à température moyenne environ 45 minutes. Tourner le moule à mi-cuisson. Démouler le pain. Le déposer sur une feuille de papier d'aluminium. Cuire sur le gril, avec le couvercle baissé, 15 à 20 minutes de plus. Donne 1 pain.

Photo à la page 143.

1. Fricadelles de poulet au teriyaki page 109
2. Hamburgers summum page 38
3. Salade de pommes de terre page 127
4. Fricassé de poivrons page 135

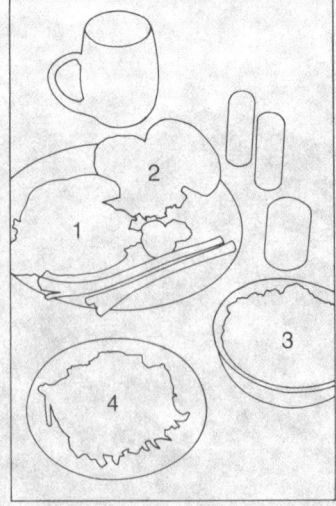

PAIN FRAIS

Pour se régaler de bon pain frais sans transformer sa cuisine en étuve.

Eau tiède (ou lait)	1³/₄ tasse	400 mL
Sucre granulé	2 c. à thé	10 mL
Sel	1¹/₂ c. à thé	7 mL
Beurre ou margarine	2 c. à soupe	30 mL
Farine tout usage	4 tasses	900 mL
Levure Fermipan	1 c. à soupe	15 mL

Verser l'eau tiède dans un grand bol réchauffé. Les ingrédients refroidissent trop vite si on les met dans un bol froid. Ajouter le sucre, le sel et le beurre. Remuer pour dissoudre.

Ajouter la farine à la levure. Bien mélanger. Pétrir 8 à 10 minutes sur une surface légèrement enfarinée. Déposer dans un moule à pain graissé de 22 × 12 cm (9 × 5 po). Couvrir. Laisser reposer une heure dans un endroit tiède, à l'abri des courants d'air. Badigeonner de lait. Cuire suivant la méthode de cuisson indirecte (voir page 149) dans un barbecue fermé, à feu moyen, environ 35 minutes. Tourner le moule à mi-cuisson. Le pain devrait sonner creux lorsqu'on le tapote. Ou cuire dans un four conventionnel à 375 °F (290 °C), 30 à 35 minutes. Donne 1 pain.

SANDWICHES AU CRABE

Une boîte de crabe donne six sandwiches ronds. Cuire dans un moule à charnière acheté dans un magasin d'articles de camping.

Chair de crabe en conserve, égouttée, sans cartilage	5 oz	142 g
Céleri, haché fin	¹/₄ tasse	50 mL
Sauce chili	2 c. à soupe	30 mL
Pimiento, haché	1 c. à soupe	15 mL
Œuf dur, haché	1	1
Tranches de pain, beurrées	12	12

Mélanger les 5 premiers ingrédients dans un bol.

Placer une tranche de pain de chaque côté du moule à charnière, côté beurré contre la paroi. Déposer ¹/₆ du mélange au milieu. Fermer le moule. Arracher le pain qui dépasse. Cuire sur le gril à feu chaud jusqu'à ce que le pain soit grillé des deux côtés. Donne 6 sandwiches dans un moule à charnière rond.

Remarque : alternativement, cuire les sandwiches dans un panier à griller plat (côté beurré vers l'extérieur) à feu doux jusqu'à ce qu'ils soient grillés et chauds. Ne donne alors que 4 ou 5 sandwiches.

Photo à la page 107.

GÂTEAU AU CHOCOLAT

Facile à préparer, ce gâteau est léger, moelleux et délicieux.

Farine à gâteau, tamisée	1 tasse	250 mL
Sucre granulé	$^3/_4$ tasse	175 mL
Bicarbonate de soude	1 c. à thé	5 mL
Poudre à pâte	$^1/_2$ c. à thé	2 mL
Sel	$^1/_2$ c. à thé	2 mL
Beurre ou margarine	$^1/_4$ tasse	60 mL
Cacao	$^1/_4$ tasse	60 mL
Œuf	1	1
Lait sur ou babeurre, voir remarque	1 tasse	250 mL
Vanille	1 c. à thé	5 mL

Mélanger les 5 premiers ingrédients dans un bol.

Chauffer le beurre et le cacao dans une casserole, en remuant, jusqu'à ce qu'ils fondent. Ajouter aux ingrédients secs.

Casser l'œuf dans une tasse à mesurer. Ajouter du lait jusqu'à obtenir 250 mL (1 tasse) de liquide. Ajouter la vanille. Verser sur les ingrédients secs. Battre le mélange 5 minutes. Verser dans un moule de 20 × 20 cm (8 × 8 po) graissé. Soulever le moule environ 13 cm (5 po) au-dessus du comptoir et le laisser retomber. Répéter 10 à 12 fois. Cuire suivant la méthode de cuisson indirecte (voir page 149) dans un barbecue fermé, à feu moyen, 25 à 30 minutes, jusqu'à ce qu'un cure-dents inséré dans le gâteau ressorte sec. Tourner le moule à mi-cuisson. Ou cuire au four conventionnel à 325 °F (160 °C), 25 à 30 minutes. Servir chaud ou froid.

Remarque : pour surir le lait, y ajouter 15 mL (1 c. à soupe) de vinaigre dans une tasse à mesurer. Remuer.

TREMPETTE AU CHOCOLAT

La trempette de rigueur avec des fruits grillés, du gâteau, des guimauves, etc.

Carrés de chocolat mi-sucré	8	8
Crème de table	$^2/_3$ tasse	150 mL
Essence de rhum (au goût)	1 c. à thé	5 mL

Mélanger les 3 ingrédients dans un petit poêlon. Chauffer sur le gril, à feu doux. Remuer souvent. Donne environ 250 mL (1$^1/_8$ tasse).

FONDUE AU BARBECUE

Des bouchées de fruit grillées et trempées dans une délicieuse sauce —
l'idéal pour couronner un festin en plein air.

Jus d'orange	1$\frac{1}{2}$ tasse	350 mL
Jus de citron	1 c. à soupe	15 mL
Cassonade, tassée	$\frac{1}{3}$ tasse	75 mL
Poudre de cari	$\frac{1}{2}$ c. à thé	2 mL
Fécule de maïs	1$\frac{1}{2}$ c. à soupe	25 mL
Ananas frais, coupé en gros morceaux	1	1
Oranges, coupées en gros morceaux	2 ou 3	2 ou 3
Cerises au marasquin, égouttées	8	8
Grosses bananes, pelées, coupées en 8 morceaux chacune	2	2
Prunes à pruneaux fraîches, coupées en deux	8	8
Fraises entières	16	16

Battre les 5 premiers ingrédients ensemble dans une casserole. Chauffer à feu moyen, en remuant souvent, jusqu'à ébullition et épaississement. Laisser refroidir. Réchauffer sur le gril pendant que les fruits cuisent.

Enfiler les fruits sur 8 brochettes ou laisser les invités le faire. Cuire les fruits sur le gril jusqu'à ce qu'ils soient chauds et que les bananes soient dorées. Fournir des fourchettes pour tremper les fruits dans la sauce. On peut aussi servir avec la trempette au chocolat (voir page 56). Donne 8 portions.

Remarque : on peut badigeonner les fruits d'huile pendant la cuisson. Il faut toutefois éviter d'employer du beurre fondu, celui-ci donnant aux fruits un goût de fumée désagréable.

POMMES GRILLÉES

Augmenter le nombre de pommes au besoin. Les pommes dégagent une odeur alléchante quand on les déballe.

Pommes à cuire (McIntosh par exemple) non pelées, épépinées	4	4
Cassonade, tassée	¹/₂ tasse	125 mL
Cannelle	¹/₈ c. à thé	0,5 mL
Raisins secs ou raisins de Corinthe	2 c. à soupe	30 mL
Beurre ou margarine	2 c. à thé	20 mL

Déposer chaque pomme sur un carré de papier d'aluminium doublé.

Mélanger le sucre, la cannelle et les raisins. En remplir les cavités des pommes.

Déposer 2 mL (¹/₂ c. à thé) de beurre sur chaque pomme. Envelopper. Cuire sur le gril, à feu chaud, environ 30 minutes, jusqu'à ce que les pommes soient tendres. Retourner de temps en temps. Pour 4 personnes.

FRUITS CARAMÉLISÉS

Pour caraméliser les fruits et créer un dessert délicieux, les rouler dans du sucre avant de les griller.

Petites pommes à cuisson	2	2
Bananes	4	4
Abricots	8	8
Pêches	2	2
Huile de cuisson	¹/₄ tasse	50 mL
Sucre granulé	¹/₄ tasse	50 mL

Peler les pommes. Les couper en quartiers et les épépiner. Couper chaque quartier en deux sur la largeur, obtenant ainsi 8 gros morceaux par pomme. Peler les bananes. Les couper en 4 gros morceaux. Si les abricots sont frais, les couper en deux et enlever les noyaux. S'ils sont en conserve, les égoutter complètement et les sécher avec un essuie-tout. Si les pêches sont fraîches, les ébouillanter pendant 1 ou 2 minutes, jusqu'à ce qu'elles se pèlent aisément. Les peler, puis les couper en deux. Enlever les noyaux. Couper chaque moitié en 4 gros morceaux, obtenant ainsi 8 morceaux par pêche. S'il s'agit de moitiés de pêches en conserve, bien les égoutter. Couper chaque moitié en 4 gros morceaux. Les sécher avec un essuie-tout.

Badigeonner les fruits d'huile. Les rouler dans le sucre. Enfiler 2 morceaux de chaque fruit sur les brochettes, dans aucun ordre précis. Cuire sur le gril, à feu chaud, jusqu'à ce que le sucre soit doré et que les fruits soient chauds. Donne 8 portions.

BANANES AU CHOCOLAT

Réunir les ingrédients et laisser chacun se servir. Une bonne façon de fêter un anniversaire.

Bananes, extrémités vertes

Brisures de chocolat mi-sucré
Brisures de caramel au beurre
Beurre d'arachides crémeux
Miel ou sirop de maïs
Guimauves miniatures

Peler les bananes. Déposer chaque banane sur une feuille de papier d'aluminium doublée. La laisser entière ou la trancher. Essayer les variantes suivantes.

1. Saupoudrer la banane de brisures de chocolat.

2. Saupoudrer la banane de brisures de chocolat et de guimauves.

3. Saupoudrer la banane de brisures de caramel au beurre.

4. Saupoudrer la banane de brisures de caramel au beurre et de guimauves.

5. Saupoudrer la banane de brisures de chocolat et de brisures de caramel au beurre.

6. Étaler du beurre d'arachides sur la banane. La trancher ou la laisser entière, selon. Arroser d'un filet de miel ou de sirop de maïs.

7. Étaler du beurre d'arachides sur la banane. La trancher ou la laisser entière, selon. Saupoudrer de brisures de chocolat.

Envelopper. Cuire sur le gril, à feu doux, environ 8 minutes en tout. On peut retourner les fruits à mi-cuisson.

DESSERT AUX BLEUETS

Un régal pour les yeux et le palais. La couleur est l'effet du mélange de yaourt aux bleuets et de bleuets frais. Préparer à l'avance et réfrigérer.

CROÛTE

Beurre ou margarine	$1/2$ tasse	125 mL
Chapelure de biscuits Graham	2 tasses	500 mL
Sucre granulé	$1/4$ tasse	50 mL

GARNITURE

Gélatine en poudre sans saveur	$2 \times 1/4$ oz	2×7 g
Sucre granulé	1 tasse	250 mL
Eau chaude	1 tasse	250 mL
Yaourt aux bleuets	2 tasses	500 mL
Crème sure	1 tasse	250 mL
Crème à fouetter (ou un sachet de garniture à dessert)	1 tasse	250 mL
Vanille	1 c. à thé	5 mL
Bleuets ou amélanches, frais ou surgelés	2 tasses	500 mL

Croûte - Faire fondre le beurre dans une casserole, à feu moyen. En remuant, ajouter la chapelure de biscuits Graham et le sucre. Prélever 125 mL ($1/2$ tasse) du mélange pour la garniture. Presser le reste dans un moule de 22 × 33 cm (9 × 13 po) non graissé. Réserver. Pour une croûte plus ferme, cuire au four à 350 °F (180 °C) 10 minutes. Laisser refroidir.

Garniture - Verser la gélatine et le sucre dans une casserole. Bien mélanger. Ajouter l'eau. Chauffer en remuant, à feu moyen, jusqu'à dissolution. Réfrigérer jusqu'à consistance sirupeuse.

Incorporer le yaourt et la crème sure, en pliant, au mélange de gélatine.

Battre en neige ferme la crème et la vanille. Ajouter au mélange, en pliant.

Ajouter rapidement les bleuets, en pliant. Si les bleuets sont surgelés, les étaler sur un essuie-tout, au fond d'un grand bol ou d'un plat, pour les dégeler. Les sécher en les tapotant avec un essuie-tout avant de les incorporer au mélange. Verser dans le moule. Saupoudrer avec la chapelure mise de côté. Réfrigérer. Donne 15 portions.

ANANAS GRILLÉ

Glacé et doré, il complète admirablement le jambon au barbecue.

Rondelles d'ananas en conserve	14 oz	398 mL
Cassonade, tassée	$3/4$ tasse	175 mL
Eau ou jus d'ananas	4 c. à thé	20 mL
Essence de rhum ou de brandy	1 c. à thé	5 mL

(suite...)

Coucher les rondelles sur un gril très chaud. En mettre 2 boîtes au besoin, mais alors prévoir davantage de sauce pour glacer l'ananas.

Mélanger la cassonade, l'eau et l'essence de rhum. En badigeonner l'ananas. Retourner et arroser souvent, jusqu'à ce que les rondelles soient dorées et glacées. On peut aussi se servir d'ananas frais. Servir avec du jambon ou comme dessert.

BROCHETTES DE FRUITS

Très colorées, et les convives peuvent les enfiler eux-mêmes. Excellentes en hors-d'œuvre.

Moitiés d'abricots
Cerises, fraîches et dénoyautées,
**   ou au marasquin**
Moitiés de prunes à pruneaux
Gros morceaux de bananes
Gros morceaux d'ananas
Fraises entières fraîches
Gros morceaux de pêches
**   ou de nectarines**
Gros morceaux de pommes
Gros morceaux de cantaloups
Gros morceaux de kiwis
Gros morceaux d'oranges
Gros morceaux de pamplemousses
Pruneaux gonflés, dénoyautés

Pain de Savoie, coupé en cubes
**   (si désiré)**

Eau	1 tasse	250 mL
Sucre granulé	1 tasse	250 mL
Fécule de maïs	2 c. à soupe	30 mL

Prévoir 3 à 5 fruits pour que l'assortiment soit coloré. Les enfiler sur les brochettes.

En guise de gâterie, ajouter des morceaux de pain de Savoie.

Mélanger l'eau, le sucre et la fécule de maïs dans une casserole. Chauffer en remuant, à feu moyen, jusqu'à ébullition et épaississement. Badigeonner les fruits de ce sirop. Cuire sur le gril, à feu chaud. Retourner. Badigeonner de nouveau. Le sirop suffit pour 6 brochettes.

BROCHETTES NAPPÉES DE CHOCOLAT - Préparer la trempette au chocolat, page 56. Y tremper les fruits et le gâteau. Déguster!

Z'ENCORE

Une gâterie qui plaît aux jeunes comme aux moins jeunes. Essayer la recette originale et la variante.

Biscuits Graham ou digestifs
Minces barres de chocolat ou
   chocolats à la menthe
Grosses guimauves

Mettre environ 4 morceaux de chocolat, selon l'épaisseur, sur un biscuit Graham. Piquer une guimauve sur une fourchette. La faire griller sur le barbecue jusqu'à ce qu'elle soit molle et fondante. La déposer sur le chocolat. Couvrir le tout d'un second biscuit Graham. Comprimer. Le chocolat mollira.

Variante - Étaler une mince couche de beurre d'arachides sur le second biscuit avant d'en couvrir la guimauve.

TARTE DU CAMPEUR

Après avoir goûté cette tarte, vous voudrez acheter d'autres moules à charnière pour pouvoir cuire ces tartes plus rapidement.

Tranches de pain blanc, beurrées	12	12
Garniture à tarte aux cerises, bleuets,	19 oz	540 mL
raisins, pommes ou pêches		

Placer une tranche de pain de chaque côté du moule à charnière, côté beurré contre la paroi. Déposer une cuillerée de garniture au milieu. Fermer le moule. Arracher le pain qui dépasse. Cuire sur le gril à feu chaud jusqu'à ce que le pain soit grillé des deux côtés. Avec 6 portions, il reste de la garniture qui peut servir à faire d'autres tartes sur-le-champ ou être conservée au réfrigérateur ou au congélateur.

Variante - Pour sucrer davantage la croûte, saupoudrer le côté beurré du pain de sucre granulé. Soulever la tranche pour faire tomber l'excès de sucre. Déposer dans le moule à charnière.

Remarque : les magasins d'articles de camping vendent des moules à charnière ronds, carrés ou doubles.

BANANES AU CARAMEL

Un dessert fantastique.

Beurre ou margarine	$^1/_2$ tasse	125 mL
Cassonade, tassée	$^1/_2$ tasse	125 mL
Sirop de maïs	2 c. à soupe	30 mL
Lait condensé sucré	$^1/_2$ tasse	125 mL
Bananes, extrémités vertes	4	4
Pacanes ou Noix de Grenoble hachées	$^1/_3$ tasse	75 mL

Mettre les 4 premiers ingrédients dans un poêlon. Chauffer, en remuant, jusqu'à ébullition. Laisser bouillir 5 minutes sans cesser de remuer pour éviter que la sauce ne brûle. Retirer du feu.

Peler les bananes. Déposer chacune sur une feuille de papier d'aluminium doublée. Couper les bananes en deux sur la longueur ou les laisser entières. Les napper de sauce. Envelopper. Cuire sur le gril, à feu chaud, 8 à 10 minutes. Il n'est pas nécessaire de les retourner.

Ouvrir les paquets. Ajouter un peu de sauce. Garnir de noix. Pour 4 personnes.

Photo sur la couverture.

CITRONS GIVRÉS

Se préparent en un clin d'œil. Parfaits quand les enfants veulent aider.

Crème à fouetter	$1^1/_2$ tasse	375 mL
Lait	$^1/_2$ tasse	125 mL
Zeste d'un citron, râpé	1	1
Jus de citron frais	$^1/_3$ tasse	75 mL
Sucre granulé	1 tasse	250 mL
Écorces de demi-citrons	8	8

Mettre les 5 premiers ingrédients dans un bol moyen. Bien mélanger pour dissoudre le sucre. Laisser au congélateur jusqu'à ce que le mélange soit gelé, 2 à 3 heures.

Retirer les membranes des écorces. Couper la pointe des écorces pour qu'elles restent debout. Remplir les cavités de citron gelé. Donne 8 portions.

Photo sur la couverture.

PIZZA AUX FRUITS

Un délice! Servir chaude avec des fruits ou sans garniture.

Mélange à biscuits	2 tasses	500 mL
Lait	$^1/_2$ tasse	125 mL
Fromage à la crème, ramolli	4 oz	125 g
Fromage cottage	$^1/_2$ tasse	125 mL
Cassonade	$^1/_2$ tasse	125 mL
Œuf	1	1

Fraises fraîches
Framboises fraîches
Kiwis, tranchés
Nectarines fraîches
   en moitiés, tranchées
Prunes à pruneaux fraîches
   en moitiés, tranchées

Brisures de chocolat mi-sucré, fondues	$^1/_4$ tasse	50 mL

Verser le mélange à biscuits et le lait dans un bol. Mélanger jusqu'à obtenir une boule de pâte douce. Presser dans un plat à pizza graissé de 15 cm (12 po).

Battre le fromage à la crème, le fromage cottage et la cassonade dans un petit bol jusqu'à ce que le mélange soit lisse. Incorporer l'œuf en battant. Étaler le mélange sur la croûte. Cuire suivant la méthode de cuisson indirecte (voir page 149) dans un barbecue fermé, à feu très chaud, environ 20 minutes. Tourner le moule à mi-cuisson.

Une fois la cuisson terminée, garnir la pizza de fruits divers.

Arroser d'un filet de chocolat fondu, quoique ce dessert soit aussi bon sans chocolat. Couper en 6 ou 8 pointes.

Photo à la page 125.

BROCHETTES SUCRÉES

La douceur de ces brochettes vous surprendra.

Beurre ou margarine	$^1/_4$ tasse	50 mL
Cassonade	$^1/_4$ tasse	50 mL
Jus de citron	1 c. à thé	5 mL

Pain de Savoie, coupé en cubes
Pain aux raisins non tranché, coupé en
   cubes, sinon mettre 2 tranches ensemble
Pâtisserie danoise ou autre pâtisserie
   sucrée, coupée en cubes

(suite...)

Mettre le beurre, la cassonade et le jus de citron dans une petite casserole. Déposer celle-ci sur le gril pour en faire fondre le contenu. Remuer à l'occasion.

Enfiler les morceaux de pain sur une brochette ou une fourchette à long manche. Badigeonner de sauce. Cuire sur le gril, à feu chaud, environ 5 minutes, jusqu'à ce que les morceaux soient grillés.

BROCHETTES DE FRUITS ET DE GÂTEAU - Enfiler de gros morceaux de pain de Savoie sur les brochettes, en alternant avec de gros morceaux d'orange, ceux-ci provenant d'oranges coupées en moitié sur la largeur, puis recoupées en trois gros morceaux. Badigeonner de sauce et griller comme précédemment.

Photo à la page 125.

TARTE AUX POMMES AU BARBECUE

Même quand ce n'est pas la saison des pommes, on peut confectionner cette tarte, la préférée de bien des gens.

Abaisse de tarte, maison ou mélange

Pommes à cuire (McIntosh par exemple) pelées et tranchées	2 lb	900 g
Sucre granulé	1 tasse	250 mL
Farine tout usage	2 c. à soupe	30 mL
Cannelle	$1/2$ c. à thé	2 mL
Sel	$1/8$ c. à thé	0,5 mL
Jus de citron	2 c. à thé	10 mL

Sucre granulé, pour garnir

Abaisser la pâte jusqu'à couvrir un moule à tarte de 22 cm (9 po). Nettoyer le bord.

Dans un grand bol, bien mélanger les pommes, le sucre, la farine, la cannelle, le sel et le jus de citron. Verser le tout dans le moule. Abaisser la pâte qui formera le dessus de la tarte. Humecter le tour du fond de tarte. Couvrir la tarte avec le dessus de pâte. Pincer les bords pour fermer la tarte. Entailler le dessus à plusieurs endroits.

Saupoudrer d'un peu de sucre. Cuire selon la méthode de cuisson indirecte, dans un barbecue fermé à feu moyen, 45 à 60 minutes, jusqu'à ce que les pommes soient cuites et que la croûte soit dorée. Tourner la tarte à mi-cuisson. Pour 6 personnes.

Photo à la page 107.

GÂTEAU BLANC

Idéal pour un barbecue, ou n'importe quel autre jour où vous devez libérer votre four.

Beurre ou margarine, ramolli	¹/₂ tasse	125 mL
Sucre granulé	³/₄ tasse	175 mL
Œufs	2	2
Vanille	1 c. à thé	5 mL
Farine tout usage	2 tasses	500 mL
Poudre à pâte	1¹/₂ c. à thé	7 mL
Sel	¹/₂ c. à thé	2 mL
Lait	³/₄ tasse	175 mL

Battre en pommade le beurre et le sucre. Incorporer les œufs un à un, en battant. Ajouter la vanille. Remuer.

Mélanger la farine, la poudre à pâte et le sel. Ajouter au premier mélange en 3 fois, en alternant avec le lait, en commençant et en terminant avec le mélange de farine. Verser dans un moule de 22 × 22 cm (9 × 9 po) graissé. Cuire suivant la méthode de cuisson indirecte (voir page 149) dans un barbecue fermé, à feu moyen, 25 à 30 minutes jusqu'à ce qu'un cure-dents piqué au milieu du gâteau ressorte sec. Tourner le moule après 15 minutes de cuisson. Servir chaud avec de la crème glacée ou laisser refroidir et glacer. Ou cuire le gâteau au four conventionnel à 350 °F (180 °C), 25 à 30 minutes.

POISSON EN PAPILLOTES

Réchauffer les légumes déjà cuits pendant que cuit le poisson.

Filets ou darnes de poisson	1 lb	454g
Céleri tranché, cuit	¹/₂ tasse	125 mL
Oignon tranché, cuit	¹/₂ tasse	125 mL
Tomates, pelées et coupées en 4	2	2
Pommes de terre moyennes, cuites et tranchées	3	3
Sel, pincée		
Poivre, pincée		
Beurre ou margarine		
Paprika, pincée		

Diviser le poisson en 3; le déposer sur des carrés de papier d'aluminium doublé.

Répartir les légumes entre les paquets, les posant sur le poisson. Saler et poivrer, et couronner d'une noix de beurre. Saupoudrer de paprika. Envelopper. Mettre sur le gril à feu moyen. Abaisser le couvercle. Cuire 10 minutes. Retourner. Cuire encore 5 minutes. Donne 3 portions.

TRUITE EN PANIER

La récompense du pêcheur.

Truites arc-en-ciel, prêtes à frire	2 à 6	2 à 6
Jus de citron, pour arroser		
Sel de céleri, pincée		
Poudre d'ail, pincée		
Huile de cuisson		

Ouvrir la truite et arroser la cavité de jus de citron, puis saupoudrer de sel de céleri et de poudre d'ail. Placer dans un panier à griller graissé. Cuire sur le gril, à feu chaud, en retournant et en arrosant d'huile souvent. Prévoir environ 10 minutes de cuisson par 2,5 cm (1 po) d'épaisseur. Servir 1 truite par personne, si elles sont de bonne taille.

Photo à la page 143.

TRUITE FARCIE

Crabe en conserve, égoutté, décortiqué	$4^3/_4$ oz	135 g
Œuf	1	1
Chapelure	$^1/_3$ tasse	75 mL
Crème sure	$^1/_3$ tasse	75 mL
Jus de citron	2 c. à thé	10 mL

Mélanger les 5 ingrédients ensemble. Au lieu de l'assaisonnement au jus de citron, au sel de céleri et à la poudre d'ail, remplir la cavité du poisson du mélange de crabe. Refermer avec des cure-dents. Cuire dans un panier à griller graissé, en arrosant d'huile.

FILETS DE THON

Une marinade simple et délicieuse.

Filets de thon		
Vinaigrette italienne	$^1/_2$ tasse	125 mL

Placer le thon dans un sac de plastique. Ajouter la vinaigrette italienne. Laisser macérer 2 heures. Sortir le poisson et le déposer sur une étagère à poisson. Cuire sur le gril, à feu moyen, en arrosant souvent de vinaigrette. Prévoir environ 10 minutes de cuisson par 2,5 cm (1 po) d'épaisseur. Pour 2 ou 3 personnes.

PRISE DU JOUR

Même sans la peau, ces filets cuisent bien dans un panier à griller. Une délicate saveur de tomate.

Filets de poisson avec la peau	**1 lb**	**454 g**
Beurre ou margarine, fondu	**¼ tasse**	**60 mL**
Ketchup	**3 c. à soupe**	**50 mL**
Jus de citron	**1 c. à soupe**	**15 mL**
Moutarde préparée	**½ c. à thé**	**2 mL**
Sel d'ail	**¼ c. à thé**	**1 mL**

Coucher les filets dans un panier à griller graissé.

Mélanger le beurre, le ketchup, le jus de citron, la moutarde et le sel d'ail dans un petit récipient. Réserver sur le côté du gril. Badigeonner le poisson. Cuire sur un gril graissé, à feu chaud, côté peau sur la grille, environ 4 minutes. Retourner. Badigeonner de sauce. Cuire encore 4 minutes. Retourner et badigeonner de sauce. S'il faut, cuire plus longtemps, jusqu'à ce que la chair se sépare aisément avec une fourchette. Moins les filets sont épais, plus ils cuisent vite. Pour 6 personnes.

Remarque : pour donner un goût plus prononcé au poisson, le laisser macérer 20 minutes dans la sauce avant de le cuire. Dans ce cas, substituer de l'huile au beurre.

CORYPHÈNE AU SÉSAME

Poisson à chair ferme, le coryphène supporte bien la cuisson au gril. Les graines de sésame rappellent le teriyaki.

Sauce soja	**⅔ tasse**	**150 mL**
Sucre granulé	**1 c. à soupe**	**15 mL**
Gingembre haché fin	**1 c. à thé**	**5 mL**
Sherry (ou sherry sans alcool)	**2 c. à soupe**	**30 mL**
Graines de sésame	**1 c. à soupe**	**15 mL**
Poudre d'ail	**¼ c. à thé**	**1 mL**
Filets de coryphène	**2 lb**	**900 g**

Mélanger les 6 premiers ingrédients dans un bol profond. Bien remuer. Verser dans un sac de plastique.

Ajouter le poisson. Fermer. Laisser macérer 20 minutes. Sortir le poisson et le déposer dans un panier à griller graissé. Cuire 5 minutes par côté, à feu chaud. Arroser de sauce de temps en temps. Lorsque le poisson est à point, la chair devrait se soulever aisément avec une fourchette. Pour 4 ou 5 personnes.

SUPRÊME DE SAUMON

Une excellente façon d'apprêter les restes du saumon.

Beurre ou margarine (le beurre est préférable)	**¹/₂ tasse**	**125 mL**
Jus de 2 citrons	**2**	**2**
Sauce barbecue, voir page 84	**¹/₂ tasse**	**125 mL**
Oignon, haché fin	**¹/₄ tasse**	**50 mL**
Cassonade	**¹/₂ c. à soupe**	**7 mL**
Poudre d'ail, petite pincée		
Pièce de saumon avec la peau, coupée en travers, ouverte à plat	**3 lb**	**1,36 kg**

Mettre le beurre, le jus de citron, la sauce barbecue, l'oignon, la cassonade et la poudre d'ail dans une petite casserole. Remuer. Porter à ébullition. Mijoter 20 à 30 minutes. On peut doubler cette recette. Le reste de sauce peut être réchauffé et servi comme trempette avec du poisson cuit.

Badigeonner de sauce la chair du saumon. Mettre sur un gril huilé, côté chair contre la grille, à feu moyen. Cuire jusqu'à ce que le poisson soit légèrement doré, environ 15 minutes. Retourner le saumon, de sorte que la peau soit contre le gril. Badigeonner de sauce. Finir la cuisson sans retourner, environ 12 minutes. Prévoir 10 minutes de cuisson par 2,5 cm (1 po) d'épaisseur. Lorsque le poisson est à point, la chair devrait se séparer aisément avec une fourchette. Pour 6 personnes.

CORYPHÈNE

Servir ce délicieux et juteux poisson accompagné de sauce tartare et de jus de citron.

Beurre ou margarine	**¹/₂ tasse**	**125 mL**
Jus de citron	**4 c. à thé**	**20 mL**
Poivre	**¹/₄ c. à thé**	**1 mL**
Flocons de persil	**¹/₂ c. à thé**	**2 mL**
Coryphène	**2¹/₄ lb**	**1 kg**

Mélanger les 4 premiers ingrédients dans une petite casserole. Chauffer sur le côté du gril.

Badigeonner le poisson du mélange de beurre. Le déposer dans un panier à griller. Cuire sur le gril à feu chaud, environ 5 minutes par côté. Prévoir 10 minutes de cuisson par 2,5 cm (1 po) d'épaisseur. Badigeonner de sauce de temps en temps. Pour 6 personnes.

BROCHETTES DE FRUITS DE MER

Pour les grandes occasions.

Queues de homard	2	2
Eau bouillante		
Pétoncles	12	12
Crevettes décortiquées et nettoyées	8	8
Poivrons rouges, coupés en carrés	3	3
Beurre ou margarine, fondu	¼ **tasse**	50 mL

Cuire les queues de homard dans l'eau bouillante, à couvert, jusqu'à ce que la carapace soit rouge. Égoutter. Laisser refroidir jusqu'à pouvoir les manipuler. Entailler les deux côtés de la carapace pour en retirer la chair. Couper en 8 morceaux.

Enfiler, par exemple, poivron rouge, pétoncle, crevette, poivron rouge, homard, pétoncle, poivron rouge, crevette, pétoncle, poivron rouge, homard, poivron rouge sur chaque brochette (faire tremper les brochettes de bois à l'avance pendant 30 minutes) ou changer l'ordre ou la quantité des fruits de mer. Si les brochettes sont servies en hors-d'œuvre, on peut les faire plus petites.

Badigeonner de beurre fondu. Cuire sur le gril, à feu chaud, 8 à 10 minutes. Retourner et badigeonner souvent de beurre. Donne 4 portions.

Photo à la page 125.

BROCHETTES DE CREVETTES

Un repas de crevettes qui laisse un souvenir ému.

Sauce soja	$1/_2$ **tasse**	125 mL
Sherry (ou sherry sans alcool)	$1/_2$ **tasse**	125 mL
Cassonade	2 c. à soupe	30 mL
Gingembre	1 c. à thé	5 mL
Poudre d'ail	$1/_4$ c. à thé	1 mL
Crevettes décortiquées et nettoyées, avec la queue	3 lb	1,35 kg

Mélanger les 5 premiers ingrédients dans un bol profond. Ajouter les crevettes. Laisser reposer 20 minutes.

Enfiler 6 crevettes sur chaque brochette (faire tremper les brochettes de bois à l'avance pendant 30 minutes). Griller à feu chaud 2 à 3 minutes par côté, en retournant et en arrosant souvent. À point, les crevettes sont roses et légèrement repliées sur elles-même. Pour 6 personnes, à raison d'environ 12 crevettes chacune. En mettant 4 crevettes par brochette et en coupant au $1/_3$ la recette, on obtient 6 portions en hors-d'œuvre.

Photo à la page 89.

ESPADON GRILLÉ - Substituer 4 filets d'espadon aux crevettes; les laisser macérer dans la sauce au moins 1 heure et jusqu'à 4 ou 5. Cuire sur le gril, à feu moyen, jusqu'à ce que la chair se soulève aisément avec une fourchette. Retourner et badigeonner souvent de sauce pendant la cuisson. Cuire environ 15 minutes en tout.

GRIL DE CREVETTES ET DE POISSON

Ces brochettes vous vaudront d'intarissables éloges.

Poisson, par exemple saumon, morue ou flétan, coupé en cubes de 2,5 cm (1 po)	$1^3/_4$ lb	800 g
Grosses crevettes décortiquées et nettoyées, avec la queue	3 lb	1,35 kg
Gros champignons, sans pieds	12	12
Tranches de courgette, de 3 cm ($1^1/_4$ po) d'épaisseur	12	12
Beurre ou margarine	$1/_2$ **tasse**	125 mL
Sel	1 c. à thé	5 mL
Poivre	$1/_4$ c. à thé	1 mL

Enfiler les 4 premiers ingrédients sur 6 brochettes (faire tremper les brochettes de bois à l'avance pendant 30 minutes).

Faire fondre le beurre dans une petite casserole. Saler et poivrer. Remuer. Mettre les brochettes sur le gril chaud. Badigeonner de beurre. Retourner et badigeonner souvent de beurre, jusqu'à ce que le poisson soit doré et cuit, 6 à 8 minutes. Donne 6 portions.

SAUMON ENTIER FARCI

Ce saumon cuit dans du papier d'aluminium.

Saumon entier, prêt à poêler	4 lb	1,8 kg
FARCE AU CITRON		
Beurre ou margarine	6 c. à soupe	100 mL
Oignon, haché	1 tasse	250 mL
Céleri, haché	1/2 tasse	125 mL
Jus de citron	1/3 tasse	75 mL
Aneth	1/2 c. à thé	2 mL
Sel	1/2 c. à thé	2 mL
Poivre	1/8 c. à thé	0,5 mL
Chapelure	3 tasses	700 mL

Coucher le saumon sur une feuille de papier d'aluminium doublée et graissée. On peut ne pas envelopper le poisson, mais il faut alors huiler le gril.

Farce au citron - Faire fondre le beurre dans une poêle à frire. Ajouter l'oignon et le céleri. Faire revenir jusqu'à ce que l'oignon soit tendre et clair. Retirer du feu.

Ajouter le jus de citron et l'aneth. Saler et poivrer. Remuer.

Ajouter la chapelure. Incorporer. Farcir le poisson. Placer le papier d'aluminium graissé et le poisson sur le gril, à feu moyen. Abaisser le couvercle. Prévoir 10 minutes de cuisson par 2,5 cm (1 po) d'épaisseur mesuré à l'endroit où la farce est la plus épaisse. Lorsque le poisson est à point, la chair, là où elle est la plus épaisse, devrait se soulever aisément avec une fourchette. Pour 8 personnes.

SAUMON DE GALA

Se prépare en un tour de main. Se double ou se triple sans problème. Parfait pour les occasions spéciales.

Gros filet de saumon épais, avec peau	4 lb	1,8 kg
Sauce à salade (comme Miracle Whip)	1/2 tasse	125 mL
Ketchup	1/4 tasse	60 mL
Cassonade, tassée	1/4 tasse	60 mL
Jus de citron	2 c. à soupe	30 mL
Flocons de persil (ou persil frais)	1 c. à thé	5 mL
Sel	1/2 c. à thé	2 mL
Poivre	1/8 c. à thé	0,5 mL
Sauce Worcestershire	1/2 c. à thé	2 mL
Persil, pour garnir		
Sections de citron, pour garnir		

(suite...)

Coucher le saumon, peau en-dessous, sur une feuille de papier d'aluminium doublée assez grande pour en recouvrir largement le dessus. Déposer sur un plateau pour faciliter le transfert.

Mélanger les 8 ingrédients suivants dans un petit bol. Bien remuer. Étaler sur le saumon. À ce stade, on peut réfrigérer le saumon jusqu'au moment de le cuire. Mettre le saumon, sur le papier d'aluminium, sur le gril chaud. Avec une brochette, percer complètement le poisson, à intervalles de 5 cm (2 po), traversant également le papier d'aluminium. Replier le papier d'aluminium sur les bouts du poisson, mais sans le fermer complètement, laissant les côtés à découvert. Abaisser le couvercle. La cuisson dure environ 20 minutes en tout. Prévoir 10 minutes de cuisson par 2,5 cm (1 po) d'épaisseur, plus 5 minutes pour le papier d'aluminium. Pour servir, couper en morceaux de 5 cm (2 po) de large. La peau restera collée au papier d'aluminium. Disposer sur un plat tiède.

Garnir avec du persil et du citron. On peut aussi servir directement dans les assiettes. Pour 8 personnes.

DARNES DE FLÉTAN

Un soupçon de tomate dans la marinade. Cuire sur le gril ou dans un panier.

Gros filets de flétan (ou aiglefin ou saumon), 2,5 cm (1 po) d'épaisseur	2	2
MARINADE CHILI		
Vinaigre	$^{1}/_{2}$ **tasse**	125 mL
Sauce chili	**2 c. à soupe**	30 mL
Huile de cuisson	**2 c. à soupe**	30 mL
Cassonade	**2 c. à soupe**	30 mL
Sauce Worcestershire	**1 c. à thé**	5 mL
Poudre d'oignon	$^{1}/_{4}$ **c. à thé**	1 mL
Poudre d'ail	$^{1}/_{4}$ **c. à thé**	1 mL
Poudre chili	$^{1}/_{4}$ **c. à thé**	1 mL

Dégeler le poisson, au besoin.

Marinade chili - Dans un récipient peu profond, mélanger les autres ingrédients. Ajouter le poisson. Laisser macérer environ 20 minutes, en retournant à l'occasion. Déposer les filets dans un panier à griller graissé. Cuire sur le gril, à feu chaud, 5 à 6 minutes par coté. Arroser souvent de sauce. Lorsque le poisson est à point, la chair devrait se soulever aisément avec une fourchette. Si les filets ont au moins 2,5 cm (1 po) d'épaisseur, on peut les cuire directement sur le gril huilé. Pour 4 personnes.

POISSON À L'ORANGE

Ce délicat poisson du Pacifique se trouve maintenant dans bien des poissonneries.

Filets d'hoplostète orange	2 lb	900 g
Jus d'orange	$3/4$ tasse	175 mL
Zeste d'orange râpé	1 c. à thé	5 mL
Huile de cuisson	3 c. à soupe	50 mL
Vin blanc (ou vin sans alcool)	3 c. à soupe	50 mL
Sel d'assaisonnement	$1/2$ c. à thé	2 mL
Poivre	$1/8$ c. à thé	0,5 mL

Dégeler complètement le poisson, au besoin.

Mélanger les 6 autres ingrédients dans un bol profond. Ajouter le poisson. Laisser macérer environ 20 minutes. Déposer les filets dans un panier à griller graissé. Cuire sur le gril, à feu chaud, jusqu'à ce que la chair se soulève aisément avec une fourchette. Pour 5 ou 6 personnes.

Remarque : n'importe quel poisson à chair tendre comme la morue, la sole, le flet, la plie, le doré ou la perchaude convient pour cette recette.

Remarque : au lieu de se servir d'un panier à griller, déposer les filets sur une feuille de papier d'aluminium graissée pour éviter qu'ils ne se brisent. Si les filets sont minces, il n'est pas nécessaire de les retourner pendant la cuisson.

ALERTE AU REQUIN!

À lui de faire les frais du repas!

Filets de requin	2 lb	900 g
Lait pour couvrir		
Sauce soja	$1/2$ tasse	125 mL
Jus d'orange	$1/2$ tasse	125 mL
Zeste d'orange râpé	1 c. à thé	5 mL
Huile de cuisson	2 c. à soupe	30 mL
Persil frais, haché	2 c. à soupe	30 mL
Jus de citron	2 c. à soupe	30 mL
Poudre d'ail (ou 2 gousses, émincées)	$1/2$ c. à thé	2 mL
Poivre	$1/2$ c. à thé	2 mL

Dégeler complètement le poisson, au besoin. Le laisser tremper 1 heure dans le lait.

Mélanger les autres ingrédients dans un bol profond. Ajouter le poisson. Laisser macérer environ 1 heure au réfrigérateur. Déposer les filets dans un panier à griller graissé. Cuire sur le gril, à feu chaud, en arrosant et en retournant souvent, jusqu'à ce que la chair soit tendre sous la fourchette, environ 7 minutes par côté. Pour 4 ou 5 personnes.

CREVETTES GRILLÉES

On peut cuire les crevettes sur des brochettes au lieu de les griller. Un bon hors-d'œuvre.

Crevettes, grosses ou moyennes	1 lb	454 g
Huile de cuisson	1/2 tasse	125 mL
Petites gousses d'ail, émincées	2	2
Vin blanc (ou vin sans alcool)	1 tasse	250 mL
Citron, tranché	1	1
Sauce chili	1 c. à soupe	15 mL
Paprika	1/4 c. à thé	1 mL
Sel	1/2 c. à thé	2 mL
Poivre	1/8 c. à thé	0,5 mL
Poivre de Cayenne (au goût)	1/8 c. à thé	0,5 mL

Étêter les crevettes. Ouvrir la carapace sur la longueur, jusqu'à la queue. Ôter la carapace et la veine, mais laisser la queue.

Mélanger les 9 autres ingrédients dans un bol profond. Bien remuer. Ajouter les crevettes. Laisser macérer 1 heure. Cuire sur le gril, à feu chaud, en badigeonnant les crevettes de sauce et en les retournant souvent. Lorsqu'elles sont à point, après 2 ou 3 minutes de cuisson de chaque côté, les crevettes sont rosées et se replient sur elles-mêmes. Pour 2 personnes.

Photo à la page 89.

SAUMON TERIYAKI

Un délice que vous n'oublierez pas de sitôt. Un agréable et délectable changement.

Tranches ou filets de saumon	4	4
Sauce soja	3/4 tasse	175 mL
Cassonade, tassée	1/2 tasse	125 mL
Huile de cuisson	2 c. à soupe	30 mL
Gingembre	1/2 c. à thé	2 mL
Poudre d'ail	1/4 c. à thé	1 mL

Dégeler complètement le poisson, au besoin.

Mélanger la sauce soja, la cassonade, l'huile de cuisson, le gingembre et la poudre d'ail dans un bol profond. Ajouter le poisson. Laisser macérer environ 30 minutes au réfrigérateur. Déposer les filets dans un panier à griller graissé. Cuire sur le gril, à feu moyen, environ 10 minutes par 2,5 cm (1 po) d'épaisseur. Retourner et arroser souvent de sauce. Pour 4 personnes.

POISSON AU POIVRE

Badigeonner le poisson de yaourt et de grains de poivre broyés pour lui donner du piquant.

Yaourt nature	1 tasse	250 mL
Grains de poivre noir, broyés	1$\frac{1}{2}$ c. à soupe	25 mL
Huile de cuisson	$\frac{1}{4}$ tasse	50 mL
Paprika	$\frac{1}{2}$ c. à thé	1 mL
Poisson à chair ferme, coupé en cubes de 2,5 cm (1 po)	2 lb	900 g

Mélanger les 4 premiers ingrédients dans un bol profond.

Ajouter le poisson. Remuer pour napper de sauce. Laisser reposer 30 minutes. Enfiler sur des brochettes (faire tremper les brochettes de bois à l'avance pendant 30 minutes). Cuire sur le gril huilé, à feu chaud, environ 10 minutes, en arrosant de sauce et en retournant les brochettes toutes les 2 ou 3 minutes. Si vous utilisez un poisson à chair tendre, placer les brochettes entre deux grilles. Pour 6 personnes.

FILETS AU GRIL

Le secret de cette recette — la sauce dont on arrose le poisson.

Portions de filets (ou tranches) de morue, de perchaude ou d'achigan, environ 1 kg (2 lb)	6	6
Beurre ou margarine, fondu	$\frac{1}{2}$ tasse	125 mL
Sauce Worcestershire	1 c. à soupe	15 mL
Sel d'assaisonnement	$\frac{1}{2}$ c. à thé	2 mL
Poudre d'ail	$\frac{1}{4}$ c. à thé	1 mL
Poivre	$\frac{1}{8}$ c. à thé	0,5 mL

Dégeler complètement le poisson, au besoin.

Mélanger le beurre, la sauce Worcestershire, le sel d'assaisonnement, la poudre d'ail et le poivre dans un petit récipient. Badigeonner les filets de ce mélange. Laisser reposer 15 minutes. Placer dans un panier à griller graissé. Cuire sur le gril, à feu chaud, en arrosant et en retournant souvent, jusqu'à ce que la chair se soulève avec une fourchette, environ 10 minutes en tout. Pour 6 personnes.

BROCHETTES DE NEPTUNE

Quelques poivrons et oignons rouges suffisent à colorer ces brochettes de poisson blanc.

Filets d'aiglefin ou de flétan (ou autre poisson ferme), coupés en morceaux de 5 cm (2 po)	2 lb	900 g
Gros morceaux d'oignon rouge	24	24
Carrés de poivron rouge (ou substituer des tomates cerises)	24	24
Huile de cuisson	1/4 tasse	50 mL
Jus de citron	1 c. à soupe	15 mL

Enfiler le poisson et les morceaux d'oignon et de poivron en alternance sur des brochettes (faire tremper les brochettes de bois à l'avance pendant 30 minutes).

Mélanger l'huile et le jus de citron. Cuire le poisson sur le gril, à feu chaud, en l'arrosant souvent du mélange de citron, jusqu'à ce que la chair se soulève la fourchette, environ 7 minutes. Les oignons restent relativement croustillants. Pour qu'ils soient plus tendres, les cuire à l'avance. Donne 5 ou 6 brochettes.

BROCHETTES DE LOTTE - Poisson à chair ferme, excellent substitut à l'aiglefin.

BROCHETTES D'ESPADON - Autre poisson à chair ferme qui peut remplacer l'aiglefin.

HOMARD

Une délicieuse petite folie qui n'est pas difficile à apprêter.

Queues de homard, environ 168g (6 oz) chacune	6	6
Beurre ou margarine, fondu	1/4 tasse	50 mL
Quartiers de citron		

Pour éviter que les queues ne se replient durant la cuisson, fendre les carapaces ou les couper sur la longueur avec de grands ciseaux de cuisine, puis replier la carapace sur elle-même (rapprocher les deux extrémités en allant à l'encontre de l'articulation normale) pour la briser. Placer sur le gril chaud, avec la carapace contre la grille.

Après 10 minutes, badigeonner la chair de beurre fondu. Retourner. Cuire 2 ou 3 minutes de plus. Retourner. Badigeonner de beurre. La carapace est maintenant rouge. Servir avec du beurre fondu et des quartiers de citron. La chair est à point lorsqu'elle perd son apparence opaque et devient ferme. Pour 6 personnes.

CREVETTES CITRONNÉES

Une marinade au citron donne à ces crevettes une saveur très subtile.

Crevettes moyennes	**1 lb**	**454 g**
MARINADE AU CITRON		
Huile de cuisson	**¹/₂ tasse**	**125 mL**
Jus d'un petit citron	**1**	**1**
Zeste du citron, tranché	**1**	**1**
Poudre d'ail	**¹/₄ c. à thé**	**1 mL**
Sel	**¹/₄ c. à thé**	**1 mL**
Thym	**¹/₂ c. à thé**	**2 mL**
Sel d'assaisonnement	**¹/₄ c. à thé**	**1 mL**
Poivre, pincée		
Sauce piquante aux piments (au goût)	**¹/₈ c. à thé**	**0,5 mL**

Étêter les crevettes. Couper la carapace sur la longueur, jusqu'à la queue. Ôter la carapace et la veine, mais laisser la queue.

Marinade au citron - Mélanger les ingrédients dans un bol profond. Ajouter les crevettes. Laisser macérer 1 heure. Remuer souvent. Cuire sur le gril, à feu moyen, en badigeonnant les crevettes de marinade et en les retournant souvent, jusqu'à ce qu'elles soient rosées et se replient sur elles-mêmes, environ 8 à 10 minutes. Pour 2 personnes.

Photo à la page 89.

CREVETTES ENTIÈRES - Comme variante, ne pas décortiquer les crevettes. Entailler la carapace sur toute sa longueur et retirer la veine, mais laisser les carapaces sur les crevettes. On mange alors entières les crevettes cuites au barbecue; la carapace est croquante et facile à mâcher.

SAUCE TARTARE

L'indispensable compagne du poisson.

Mayonnaise	**1 tasse**	**250 mL**
Relish de cornichons sucrés	**1 c. à soupe**	**15 mL**
Flocons d'oignon, broyés	**1 c. à thé**	**5 mL**
Flocons de persil	**¹/₂ c. à thé**	**2 mL**

Combiner tous les ingrédients. Réfrigérer. Servir avec du poisson. Donne 250 mL (1 tasse).

GARNITURE AU FROMAGE BLEU

Donne un peu de piquant au bifteck.

Fromage bleu, égrainé	1/4 tasse	50 mL
Crème	2 c. à soupe	30 mL
Sauce Worcestershire	1/4 c. à thé	1 mL

Combiner les 3 premiers ingrédients. Étaler le mélange sur des biftecks ou garnir d'une noisette au moment de servir. Donne environ 75 mL (1/3 tasse).

SAUCE PIQUANTE

Une sauce d'un rouge foncé, épicée et assez forte. En badigeonner les viandes en fin de cuisson.

Pâte de tomates	5 1/2 oz	156 mL
Vinaigre de cidre	1/2 tasse	125 mL
Cassonade, tassée	1/4 tasse	50 mL
Moutarde préparée	1/4 tasse	50 mL
Sauce Worcestershire	2 c. à soupe	30 mL
Sel	1 c. à thé	5 mL
Poivre	1/2 c. à thé	2 mL
Eau	1/2 tasse	125 mL

Combiner les 8 ingrédients dans une petite casserole. Remuer. Porter à ébullition. Laisser mijoter, à découvert, jusqu'à léger épaississement, environ 15 minutes. Donne 450 mL (2 tasses).

SAUCE ROUGE ÉPICÉE

Il suffit de mêler tous les ingrédients dans un bocal, et le tour est joué. Une sauce à la fois sucrée et épicée, d'un riche brun rouge.

Ketchup	1/2 tasse	125 mL
Cassonade	2 c. à soupe	30 mL
Vinaigre	1 c. à soupe	15 mL
Moutarde préparée	1 c. à thé	5 mL
Sauce Worcestershire	1 c. à soupe	15 mL
Poivre	1/4 c. à thé	1 mL

Verser tous les ingrédients dans un petit bocal. Bien mélanger. Conserver au réfrigérateur en attendant d'en avoir besoin pour badigeonner du bœuf, des saucisses ou du poulet. Augmenter la quantité de sauce Worcestershire pour rendre la sauce plus épicée. Donne 150 mL (2/3 tasse).

SAUCE AU FROMAGE

Une petite sauce simple et veloutée qui rehausse les plats de poisson.

Crème de champignons, condensée	10 oz	284 mL
Cheddar mi-fort, râpé	1/2 tasse	125 mL
Crème ou lait	2 c. à soupe	30 mL
Jus de citron		

Mélanger la soupe, le fromage et la crème dans une petite casserole. Réserver sur le côté du gril. Remuer souvent.

Lorsque le poisson est presque à point, l'arroser de jus de citron. Servir en portions individuelles, nappé de sauce. Donne 300 mL (1 1/3 tasse).

BEURRE AU RAIFORT

De rigueur avec la viande ou le poisson. Un bon petit goût aigrelet.

Beurre ou margarine, ramolli	1/2 tasse	125 mL
Raifort	1 c. à soupe	15 mL
Sauce Worcestershire	1 c. à thé	5 mL

Réduire en pommade les 3 ingrédients. Réfrigérer jusqu'à consistance ferme. Rouler en grosse ficelle. Enrouler dans du papier ciré. Réfrigérer jusqu'à consistance dure. Trancher le beurre et garnir chaque tranche de viande ou de poisson d'une rondelle. Très bon avec le rôti de bœuf.

SAUCE POMPIER

Ajouter de la sauce piquante pour rendre cette sauce plus épicée.

Ketchup	1/3 tasse	75 mL
Sauce Worcestershire	1 1/2 c. à thé	7 mL
Jus de citron	2 c. à soupe	30 mL
Moutarde en poudre	1 c. à thé	5 mL
Paprika	1/2 c. à thé	2 mL
Poivre	1/4 c. à thé	1 mL
Sauce piquante aux piments	1/4 à 1/2 c. à thé	1 à 2 mL
Beurre ou margarine	1/2 tasse	125 mL

Mélanger les 8 ingrédients dans une casserole. Déposer celle-ci sur le bord du barbecue. Chauffer et remuer pour faire fondre le beurre. Servir avec du bifteck. Donne 250 mL (1 tasse).

Photo à la page 17.

BEURRE MAÎTRE D'HÔTEL

Il faut goûter ce célèbre beurre avec du bifteck ou du poisson.

Beurre ou margarine, ramolli	**¹/₂ tasse**	**125 mL**
Persil haché fin (ou 4 mL,	**1 c. à soupe**	**15 mL**
³/₄ c. à thé, de flocons)		
Jus de citron	**1 c. à soupe**	**15 mL**
Poivre	**¹/₈ c. à thé**	**0,5 mL**

Réduire en pommade le beurre et le persil dans un petit bol. Ajouter le jus de citron, à raison de quelques gouttes à la fois, en battant bien après chaque addition. Ajouter le poivre. Réfrigérer jusqu'à consistance plutôt ferme. Rouler en grosse ficelle. Enrouler dans du papier ciré. Conserver au réfrigérateur. Lorsque le beurre est bien ferme, le trancher et en garnir des tranches de viande ou de poisson.

Variante - Ajouter 10 mL (2 c. à thé) de ciboulette hachée au beurre avant de le rouler en ficelle.

SAUCE À LA HOLLANDAISE

Elle n'a rien à envier à la vraie hollandaise. Servir avec du bifteck ou des asperges.

Beurre ou margarine	**3 c. à soupe**	**50 mL**
Farine tout usage	**2 c. à soupe**	**30 mL**
Sel	**¹/₄ c. à thé**	**1 mL**
Eau chaude	**1 tasse**	**250 mL**
Jus de citron	**2 c. à soupe**	**30 mL**
Jaunes d'œufs, battus	**2**	**2**

Dans une petite casserole ou un bain-marie, faire fondre le beurre à feu moyen. Incorporer la farine et le sel.

Ajouter l'eau chaude en remuant jusqu'à ébullition et épaississement.

Ajouter le jus de citron. Réserver au-dessus d'un bain d'eau chaude (pas bouillante) jusqu'au moment de servir.

Verser les jaunes d'œufs battus dans une saucière. Juste avant de servir, incorporer la sauce aux œufs. Donne 250 mL (1 tasse).

SAUCE BARBECUE SIMPLE

Se fait très vite, avec des ingrédients sortis du garde-manger.

Eau	1 tasse	250 mL
Ketchup	1 tasse	250 mL
Sachet de mélange à soupe à l'oignon	1	1
Sauce Worcestershire	1 c. à soupe	15 mL
Origan	1 c. à thé	5 mL
Poudre d'ail	1/4 c. à thé	1 mL
Basilic	1/4 c. à thé	1 mL
Jus de citron	2 c. à thé	10 mL

Verser les 8 ingrédients dans une casserole moyenne. Remuer. Mettre à feu moyen. Remuer souvent, jusqu'à ébullition. Mijoter à découvert environ 10 minutes. Remuer souvent. Donne environ 325 mL (1$\frac{1}{3}$ tasse).

SAUCE BARBECUE

Loin d'être insipide!

Beurre ou margarine	1 c. à soupe	15 mL
Oignon, haché très fin	1/3 tasse	75 mL
Céleri, haché très fin	1/3 tasse	75 mL
Gousse d'ail, émincée	1	1
Sauce tomate	2 × 7$\frac{1}{2}$ oz	2 × 213 mL
Cassonade	2 c. à soupe	30 mL
Sauce Worcestershire	1 c. à soupe	15 mL
Vinaigre de vin rouge	1/4 tasse	50 mL
Moutarde en poudre	1 c. à soupe	15 mL
Feuille de laurier	1	1
Jus d'orange	1/2 tasse	125 mL
Sauce piquante aux piments	1/4 c. à thé	1 mL

Faire fondre le beurre dans une poêle à frire. Ajouter l'oignon, le céleri et l'ail. Faire revenir jusqu'à ramollir.

Ajouter les 8 ingrédients suivants. Remuer. Porter à ébullition. Laisser mijoter 10 minutes. Retirer la feuille de laurier. Donne 575 mL (2$\frac{1}{2}$ tasses).

SAUCE AUX TOMATES

Napper les plats de poisson de cette sauce épicée, elle est de circonstance.

Tomates en conserve, partiellement égouttées	14 oz	398 mL
Basilic	¼ c. à thé	1 mL
Origan	¼ c. à thé	1 mL
Thym	¼ c. à thé	1 mL
Poudre d'ail	¼ c. à thé	1 mL
Poivre	⅛ c. à thé	0,5 mL
Sauce piquante aux piments	¼ c. à thé	1 mL
Parmesan râpé		

Réserver environ 125 mL (½ tasse) du jus des tomates. Verser les tomates dans une casserole.

Ajouter les 6 ingrédients suivants. Porter à ébullition. Mijoter 10 à 15 minutes. Réserver sur le côté du gril en attendant que le poisson soit cuit. Si la sauce épaissit trop, la délayer avec un peu du jus réservé. Napper le poisson avant de servir.

Saupoudrer de parmesan, au goût. Donne environ 250 mL (1 tasse).

BÉCHAMEL À L'ANETH

Pour couronner des filets de poisson.

Beurre ou margarine	3 c. à soupe	50 mL
Farine tout usage	3 c. à soupe	50 mL
Sel	½ c. à thé	2 mL
Poivre	⅛ c. à thé	0,5 mL
Aneth	¼ c. à thé	1 mL
Lait	1½ tasse	375 mL

Faire fondre le beurre dans une casserole. Incorporer la farine, le sel, le poivre et l'aneth.

Ajouter le lait, en remuant, jusqu'à ébullition et épaississement. Réserver sur le côté du gril. Napper les filets de poisson au moment de servir. Donne 375 mL (1½ tasse).

SIROP DE CASSONADE

Une recette de sirop maison simple, pour accompagner des crêpes.

Cassonade, tassée	1 tasse	250 mL
Sucre granulé	1 tasse	250 mL
Eau	1 tasse	250 mL
Essence d'érable	1 c. à thé	5 mL

Mettre les 4 ingrédients dans une casserole. Chauffer sur le gril jusqu'à ébullition et dissolution du sucre. Remuer souvent. Mettre de côté sur le gril. Verser sur les crêpes ou dans un pot. Donne environ 500 mL (2 tasses).

Photo à la page 71.

MAYONNAISE AU CARI

Parfaite avec du poisson.

Mayonnaise	1 tasse	250 mL
Vinaigre	1 c. à soupe	15 mL
Cassonade	1 c. à soupe	15 mL
Moutarde préparée	1 c. à thé	5 mL
Poudre de cari	1 c. à thé	5 mL

Mettre les 5 ingrédients dans un bocal. Bien mélanger. Réfrigérer. Préparer à l'avance pour que les saveurs se mélangent bien. Donne 250 mL (1 grosse tasse).

TRANCHES D'AGNEAU GRILLÉES

Tendres et savoureuses.

Jus de citron	$1/3$ tasse	75 mL
Flocons de persil	1 c. à thé	5 mL
Poudre d'oignon	$1/2$ c. à thé	2 mL
Poivre	$1/8$ c. à thé	0,5 mL
Huile de cuisson	$1/2$ tasse	125 mL
Tranches de cuisse d'agneau, 2 cm ($3/4$ po) d'épaisseur	4	4

Mélanger les 5 premiers ingrédients dans un plat peu profond. Remuer.

Ajouter la viande. Retourner pour humecter. Réfrigérer toute une journée ou une nuit. Retourner de temps en temps. Un sac de plastique est pratique pour faire macérer la viande — il suffit de le serrer pour comprimer la marinade contre la viande. Cuire sur un gril huilé, à feu chaud, environ 7 minutes par côté pour que la viande soit rosée. Pour 4 personnes.

BROCHETTES D'AGNEAU

Incomparables. Tendres et délicieuses — une délectable façon de découvrir l'agneau.

MARINADE

Huile de cuisson	$^1/_2$ **tasse**	**125 mL**
Jus de citron	$^1/_4$ **tasse**	**50 mL**
Poudre d'ail	$^1/_2$ **c. à thé**	**2 mL**
Gingembre	$^3/_4$ **c. à thé**	**4 mL**
Poivre	$^1/_8$ **c. à thé**	**0,5 mL**
Paprika	$^1/_2$ **c. à thé**	**2 mL**
Graines de cardamome broyées	$^1/_2$ **c. à thé**	**2 mL**
Gigot d'agneau, coupé en cubes de 4 cm (1$^1/_2$ po)	**1$^1/_2$ lb**	**700 g**
Oignon, coupé en 8 morceaux	**1**	**1**
Poivron vert, coupé en 8 morceaux	**1**	**1**

Sel, pincée

Marinade - Mélanger les 7 premiers ingrédients dans un petit bol. Bien remuer.

Ajouter l'agneau, l'oignon et le poivron vert. Laisser reposer au réfrigérateur 3$^1/_2$ heures ou 4 heures. Enfiler la viande sur des brochettes (faire tremper les brochettes de bois à l'avance pendant 30 minutes), en incluant 2 morceaux de poivron vert et 2 morceaux d'oignon sur chaque brochette. Cuire sur le gril, à feu chaud. Retourner et arroser de temps en temps. Cuire 15 à 20 minutes en tout.

Saler. Pour 4 personnes.

Photo à la page 125.

CARRÉS D'AGNEAU

Un plat d'agneau célèbre.

Carrés d'agneau, 4 côtes chacun, avec l'os de l'échine scié	6	6
Jus de pomme (ou d'orange)	⅓ tasse	75 mL
Jus de citron	⅓ tasse	75 mL
Vinaigre	¼ tasse	50 mL
Huile de cuisson	¼ tasse	50 mL
Sauce soja	2 c. à soupe	30 mL
Sucre granulé	1 c. à soupe	15 mL
Gousses d'ail, émincées	2	2
Ciboulette hachée	2 c. à thé	10 mL
Romarin séché	2 c. à thé	10 mL

Entailler le gras des carrés d'agneau.

Mélanger les 9 autres ingrédients dans un récipient peu profond. Il faudra peut-être répartir les carrés entre 2 plats. Coucher les carrés dans la sauce. Les arroser. Retourner à l'occasion. Laisser macérer plusieurs heures. Retirer de la marinade. Envelopper les carrés dans une double épaisseur de papier d'aluminium. Cuire sur le gril, à feu chaud, environ 20 minutes du côté viande et 10 minutes du côté os. Enlever le papier d'aluminium. Cuire 15 à 20 minutes de plus, directement sur le gril. Retourner et arroser souvent de marinade. Pour 6 personnes.

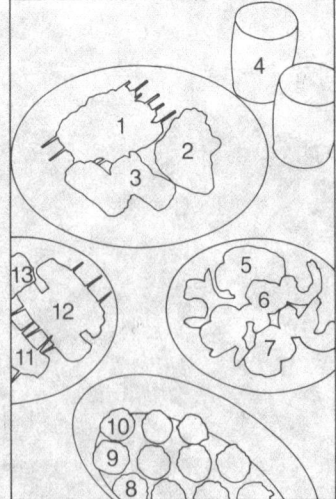

CÔTELETTES D'AGNEAU

Servir avec de la menthe fraîche.

Côtelettes d'agneau, 2,5 cm (1 po) d'épaisseur	12	12
Jus de citron	2 c. à thé	10 mL
Vinaigre de vin rouge	4 c. à thé	20 mL
Poudre d'oignon	1/4 c. à thé	1 mL
Romarin	1/2 c. à thé	2 mL
Huile de cuisson	2 c. à soupe	30 mL
Moutarde préparée	1 c. à thé	5 mL

Dégraisser les côtelettes.

Mélanger les autres ingrédients dans un petit bol. Badigeonner les côtelettes. Laisser reposer 15 minutes. Cuire sur le gril, à feu chaud, environ 7 minutes par côté pour que la viande soit à demi saignante. Arroser souvent. Donne 6 portions.

SAUCISSES GRILLÉES

Simples et rapides. On peut les couper en morceaux et les servir en hors-d'œuvre.

Saucisses de porc	1 lb	454 g
Eau pour couvrir		
Sauce barbecue, voir page 84 (ou ketchup)		

Piquer les saucisses à 3 ou 4 endroits pour que la graisse s'écoule. Pocher les saucisses quelque 5 minutes. Égoutter. Cuire sur le gril à feu moyen.

Arroser souvent les saucisses de sauce barbecue, au moment de les retourner. Cuire jusqu'à ce qu'elles soient bien glacées et foncées. Pour 3 ou 4 personnes.

GRIL DE SAUCISSES - Ne pas pocher les saucisses. Les badigeonner de sauce barbecue pendant la cuisson.

GRIL AILLÉ - Griller un saucisson à l'ail entier, puis le couper en fines tranches pour le servir comme hors-d'œuvre ou en longs morceaux comme plat de résistance. Très bon chaud.

BRATWURST - Prévoir 2 Bratwurst par personne. Les piquer à plusieurs endroits pour que la graisse s'écoule. Il vaut mieux les pocher à l'eau pendant 5 minutes. Les faire griller 8 à 10 minutes de chaque côté, à feu moyen. La préférée de bien des gens.

KNACKWURST - Aussi une saucisse qui plaît beaucoup. Cuire de la même façon que la Bratwurst, quoique un peu moins longtemps.

SAUCISSES DE FRANCFORT EN FÊTE

De fromage et du bacon — la recette d'un hot-dog exquis.

Saucisses	6	6
Tranches de fromage cheddar fondu, coupées en bandes étroites	4 à 6	4 à 6
Tranches de bacon	6	6
Pains à hot-dog, tranchés, grillés et beurrés	6	6

Couper les saucisses sur la longueur. Insérer un morceau de fromage entre les deux moitiés. Refermer les saucisses et les enrouler dans une tranche de bacon roulée en diagonale. Retenir avec des cure-dents de bois préalablement trempés dans de l'eau pendant 20 minutes. Cuire sur le gril chaud, en retournant une fois, jusqu'à ce que le bacon soit à point.

Introduire dans un petit pain grillé. Donne 6 portions.

POTÉE DE FÈVES ET SAUCISSES

Plein de bonnes choses cuites en papillote et servies dans un petit pain. En avant fèves, fromage et saucisses.

Saucisses	8	8
Moutarde préparée		
Fèves au four en conserve, égouttées	8 oz	227 mL
Pains à hot-dog, tranchés, grillés et beurrés	8	8
Relish de cornichons sucrés	$^1/_4$ tasse	50 mL
Tartinade de fromage fondu		

Trancher les saucisses en deux sur la longueur, sans les détacher complètement. Étaler de la moutarde sur les deux surfaces. Poser chaque saucisse sur une feuille de papier d'aluminium doublée. Déposer environ 30 mL (2 c. à soupe) de fèves sur chaque saucisse. Envelopper. Cuire sur le gril, à feu chaud, en retournant une fois, jusqu'à ce que les saucisses soient chaudes, environ 5 minutes.

Étaler du relish sur la partie inférieure des petits pains; tartiner l'autre de fromage. Déballer les saucisses et les fèves et les servir sur les petits pains. Pour 8 personnes.

Photo à la page 35.

PETIT DÉJEUNER EN PLEIN AIR

Saucisses et pêches servies sur un petit pain et nappées de sirop, le tout cuit dans un seul plat.

Petites saucisses de porc	1 lb	454 g
Eau pour couvrir		
Pêches tranchées en conserve, égouttées, coupées en moitiés, jus réservé	14 oz	398 mL
Mélange à pâte à biscuits	2 tasses	450 mL
Lait	³/₄ tasse	175 mL
Œuf	1	1
SIROP DE PÊCHES		
Jus réservé		
Cassonade, tassée	1 tasse	250 mL
Eau	¹/₂ tasse	125 mL
Essence d'érable	¹/₂ c. à thé	2 mL
Fécule de maïs	2 c. à soupe	30 mL

Piquer les saucisses. Les pocher dans l'eau 5 minutes. Égoutter. Cuire sur le gril, à feu moyen jusqu'à ce que les saucisses soient foncées. Couper en bouchées. Disposer dans un moule de 22 × 22 cm (9 × 9 po) graissé.

Mêler les tranches de pêches aux morceaux de saucisses.

Mélanger le mélange à biscuits, le lait et l'œuf. Verser sur les saucisses et les pêches. Cuire selon la méthode de cuisson indirecte (voir page 149), dans un barbecue fermé, à température moyenne, ou cuire au four à 350 °F (180 °C). Cuire environ 30 minutes, jusqu'à ce qu'un cure-dents inséré au milieu ressorte sec. Tourner le moule à mi-cuisson.

Sirop de pêches - Mélanger les 5 ingrédients dans une petite casserole. Chauffer en remuant, à feu moyen, jusqu'à ébullition et épaississement. Verser sur les portions. Donne 6 portions.

Photo à la page 71.

CHOUCROUTE EN SANDWICH

Les saucisses et la choucroute s'accordent naturellement.

Saucisses	12	12
Moutarde préparée		
Choucroute, égouttée	14 oz	398 mL
Pains à hot-dog, tranchés, grillés et beurrés	12	12
Ketchup		
Oignon haché, cuit ou non	1 tasse	250 mL

Trancher les saucisses en deux sur la longueur, sans les détacher complètement. Étaler de la moutarde sur les deux surfaces. Poser chaque saucisse sur une feuille de papier d'aluminium doublée. Déposer environ 30 mL (2 c. à soupe) de choucroute sur chaque saucisse. Envelopper. Cuire sur le gril, à feu chaud, en retournant une fois, jusqu'à ce que les saucisses soient chaudes, environ 5 minutes.

Étaler du ketchup sur la partie inférieure des petits pains; garnir l'autre d'oignon. Déballer les saucisses et les insérer dans les pains. Pour 6 personnes, à raison de 2 saucisses chacune.

Photo à la page 35.

CÔTES LEVÉES

Croustillantes à l'extérieur, mais tendres au centre.

Petites côtes de porc	4 lb	1,8 kg
Sauce soja	1/4 tasse	50 mL
Sherry (ou sherry sans alcool)	2 c. à soupe	30 mL
Sauce aux huîtres	1 c. à soupe	15 mL
Cassonade, tassée	1/4 tasse	50 mL
Gingembre	1/4 c. à thé	1 mL
Poudre d'ail	1/4 c. à thé	1 mL

Couper les côtes en sections pour qu'elles soient plus faciles à retourner.

Mélanger les autres ingrédients dans un petit bol. Badigeonner les côtes. Réfrigérer. Laisser reposer 3 ou 4 heures. Cuire les côtes sur le gril, à feu doux, en les retournant souvent, jusqu'à ce qu'elles soient tendres, environ 50 minutes. Il faut arroser souvent pendant la cuisson pour éviter que les côtes ne sèchent. Couper en portions. Pour 4 ou 6 personnes.

Ce succulent rôti tout en viande se découpe aisément.

Longe de porc, désossée et roulée	4¹/₂ lb	2 kg
SAUCE À LA VIANDE		
Sauce chili	¹/₃ tasse	75 mL
Eau	¹/₃ tasse	75 mL
Vinaigre de cidre	3 c. à soupe	50 mL
Huile de cuisson	2 c. à soupe	30 mL
Sauce Worcestershire	1 c. à soupe	15 mL
Cassonade	1 c. à soupe	15 mL
Moutarde préparée	2 c. à thé	10 mL
Paprika	1 c. à thé	5 mL
Poudre d'oignon	1 c. à thé	5 mL
Poivre	¹/₄ c. à thé	1 mL

Embrocher la viande. Ôter le gril. Placer une lèchefrite sous le rôti, directement sur les pierres de lave. Verser 5 cm (2 po) d'eau dans la lèchefrite. Cuire dans le barbecue fermé, à feu doux, environ 1¹/₂ heure. Dans un barbecue au charbon, écarter les briquettes pour déposer la lèchefrite directement au fond du barbecue.

Sauce à la viande - Mélanger tous les ingrédients ensemble. Badigeonner le rôti à plusieurs reprises durant la cuisson. Tester avec un thermomètre. Pour 8 personnes.

Remarque : cette sauce à la viande est aussi très bonne avec du poulet et des côtelettes de porc.

AUTRES MÉTHODES DE CUISSON
Cuire le rôti sur une étagère à viande ou directement sur le gril, au-dessus d'une lèchefrite ne contenant pas d'eau, en suivant la méthode de cuisson indirecte (voir page 149).

Cuire le rôti sur une étagère à griller posée sur le gril, au-dessus d'une lèchefrite contenant de l'eau. Cuire à feu doux dans un barbecue fermé.

Cuire le rôti dans un plat à rôtir, à couvert ou découvert, posé directement sur le gril, à feu doux. La lèchefrite n'est pas nécessaire. Fermer le barbecue.

CUISSON À LA BROCHE - Il est plus facile d'équilibrer la broche quand la viande ne contient pas d'os. Installer sous la viande une lèchefrite contenant de l'eau, à moins que la cuisson ne se fasse au charbon. Dans ce cas, placer la lèchefrite au fond du barbecue, au milieu des briquettes, sans y verser d'eau. Cuire à température moyenne. (Quand le couvercle est baissé, réduire la flamme. Quand il est levé, l'augmenter.) Le rôti baignant dans son jus, il n'est pas nécessaire de l'arroser. Le jus de cuisson devrait bouillonner à la surface du rôti pendant la cuisson. Tester la viande avec un thermomètre. Ne pas laisser la lèchefrite s'assécher.

CÔTES ÉPICÉES À LA MODE CAJUN

Ceux qui aiment les sensations fortes peuvent augmenter la dose de Cayenne.

Petites côtes de porc	**3 lb**	**1,4 kg**
Eau bouillante pour couvrir		
SAUCE CAJUN ÉPICÉE		
Ketchup	²/₃ **tasse**	**150 mL**
Poivre de Cayenne (plus, au goût)	¹/₄ **c. à thé**	**1 mL**
Poivre	¹/₈ **c. à thé**	**0,5 mL**
Poudre d'ail	¹/₈ **c. à thé**	**0,5 mL**
Poudre chili	¹/₈ **c. à thé**	**0,5 mL**

Couper les côtes en portions. Les pocher jusqu'à attendrir, environ 1 heure. Égoutter. Laisser refroidir.

Sauce Cajun épicée - Mélanger les 5 ingrédients dans un petit bol. Badigeonner les côtes, puis les cuire sur le gril, à feu chaud, environ 10 minutes, en les retournant et les badigeonnant souvent, jusqu'à ce qu'elles soient glacées et chaudes. Pour 4 personnes.

Photo sur la couverture.

JAMBON À L'ANANAS

Les clous de girofle parfument agréablement ce jambon.

Tranches de jambon,	**2**	**2**
2 cm (³/₄ po) d'épaisseur		
Cassonade, tassée	¹/₄ **tasse**	**50 mL**
Fécule de maïs	**1 c. à soupe**	**15 mL**
Paprika	**1 c. à thé**	**5 mL**
Clous de girofle	¹/₄ **c. à thé**	**0,5 mL**
Jus d'ananas	**1 tasse**	**250 mL**

Entailler le gras du jambon pour l'empêcher de lever. Ôter l'excès de gras. On peut couper les tranches en morceaux plus petits ou les laisser entières.

Mettre la cassonade, la fécule de maïs, le paprika et les clous de girofle dans une petite casserole. Bien mélanger.

Ajouter le jus d'ananas en remuant. Chauffer jusqu'à ébullition et épaississement. Saisir le jambon sur le gril chaud et huilé. Badigeonner de sauce et retourner souvent, jusqu'à ce que le jambon soit chaud et glacé. Pour 6 personnes.

TRANCHES DE JAMBON AU MIEL

Un régal doré. Le jambon ne se dessèche pas grâce à la sauce.

Tranches de jambon	**4 lb**	**1,75 kg**
SAUCE AU MIEL ET À LA MOUTARDE		
Cassonade, tassée	**¹/₂ tasse**	**125 mL**
Miel	**2 c. à soupe**	**30 mL**
Beurre ou margarine	**¹/₂ tasse**	**125 mL**
Sauce soja	**2 c. à thé**	**10 mL**
Moutarde préparée	**2 c. à thé**	**10 mL**

Dégraisser le jambon. Le laisser entier ou le couper en morceaux.

Sauce au miel et à la moutarde - Mélanger tous les ingrédients dans une petite casserole. Chauffer et remuer jusqu'à ce qu'ils soient mélangés et dissous. En badigeonner le jambon avant de le frire ou de le griller. Donne environ 200 mL (³/₄ tasse).

Cuire le jambon sur le gril, à feu chaud. Badigeonner de sauce au miel et à la moutarde. Lorsque le jambon est doré, le retourner et badigeonner l'autre côté. Ne le laisser sur le gril que le temps de le glacer et de le chauffer, pour éviter qu'il ne se dessèche. Le jambon étant déjà cuit, il est prêt vite. Pour 8 personnes, largement.

Photo à la page 71.

SAUCISSES AU BEURRE D'ARACHIDES

Ce plat surprendra même les plus sceptiques.

Saucisses	**6**	**6**
Beurre d'arachides crémeux		
Tranches de bacon	**6**	**6**
Pains à hot-dog, tranchés, grillés et beurrés	**6**	**6**

Couper les saucisses sur la longueur. Étaler du beurre d'arachides sur les deux moitiés. Refermer les saucisses et les enrouler dans une tranche de bacon roulée en diagonale. Retenir avec des cure-dents de bois (les tremper dans de l'eau pendant 20 minutes auparavant). Cuire sur le gril chaud, en retournant une fois, jusqu'à ce que le bacon soit à point.

Introduire dans un petit pain grillé. Donne 6 portions.

Photo à la page 35.

CÔTELETTES À LA CRÉOLE

Une petite sauce aux tomates rehausse ces côtelettes.

Côtelette de porc, 2 cm (³/₄ po) d'épaisseur	6	6
Pâte de tomates	5¹/₂ oz	156 mL
Eau	¹/₃ tasse	75 mL
Cassonade, tassée	¹/₄ tasse	50 mL
Vinaigre	1¹/₂ c. à soupe	25 mL
Sauce Worcestershire	1 c. à thé	5 mL
Poudre d'oignon	¹/₄ c. à thé	1 mL
Poudre chili	¹/₄ c. à thé	1 mL

Dégraisser les côtelettes pour éviter les flammes soudaines.

Mélanger les 7 ingrédients suivants dans un petit bol. Verser dans un sac de plastique. Ajouter les côtelettes. Fermer le sac. Laisser macérer au moins 1 heure. Cuire les côtelettes sur le gril, à feu moyen, environ 15 minutes en tout. Retourner et badigeonner de sauce de temps en temps. Donne 6 portions.

CÔTELETTES AU SOJA - Arroser souvent les côtelettes de sauce soja pendant la cuisson. Simple, mais délicieux.

CÔTELETTES AU BARBECUE - Badigeonner les côtelettes de sauce barbecue pendant la cuisson (voir page 84). Un régal.

CÔTELETTES AU CITRON ET À L'ANETH

Napper les côtelettes de sauce au citron et à l'aneth avant de servir.

Côtelettes de porc de bonne taille	8	8
SAUCE AU CITRON ET À L'ANETH		
Mayonnaise	6 c. à soupe	100 mL
Moutarde de Dijon	¹/₄ tasse	60 mL
Jus de citron	¹/₄ tasse	60 mL
Aneth	1 c. à thé	5 mL

Dégraisser les côtelettes de porc.

Sauce au citron et à l'aneth - Mélanger les 4 ingrédients dans un petit bol. Verser dans un sac de plastique. Ajouter les côtelettes. Fermer le sac. Laisser macérer au moins une demi-heure. Cuire les côtelettes sur le gril, à feu moyen, environ 15 minutes en tout. Retourner et badigeonner de sauce de temps en temps. Donne 8 portions.

CÔTELETTES À L'HAWAÏENNE

La marinade à l'ananas est réchauffée et servie comme sauce. Elle est particulièrement savoureuse.

Côtelettes de porc, 2 cm (³/₄ po) d'épaisseur	6	6
SAUCE MAUI		
Ananas broyés, dans leur jus	19 oz	540 mL
Sauce soja	¹/₂ tasse	125 mL
Sucre granulé	2 c. à soupe	30 mL
Gingembre	¹/₂ c. à thé	2 mL
Poudre d'ail	¹/₂ c. à thé	2 mL
Poivre	¹/₄ c. à thé	1 mL

Dégraisser les côtelettes.

Sauce Maui - Mettre les 6 ingrédients dans un bol. Remuer. Ajouter les côtelettes. Laisser macérer 2 heures au réfrigérateur. Cuire sur le gril huilé, à feu moyen. Retourner et badigeonner toutes les 3 ou 4 minutes, jusqu'à ce que les côtelettes soient à point, 12 à 15 minutes en tout.

Réchauffer la marinade dans une casserole sur le côté du gril. Laisser mijoter quelques minutes. Servir avec les côtelettes. Donne 6 portions.

PORC AUX POMMES

Un léger parfum de pommes. Servir avec de la compote de pommes.

Tranches de porc, 2 cm (³/₄ po) d'épaisseur	8	8
Jus de pomme	1 tasse	250 mL
Sauce soja	¹/₂ tasse	125 mL
Sucre granulé	¹/₃ tasse	75 mL
Vinaigre	1 c. à soupe	15 mL
Essence de rhum	2 c. à thé	10 mL
Moutarde préparée	1 c. à thé	5 mL

Dégraisser les tranches de porc.

Mettre les 6 ingrédients dans un bol profond. Ajouter la viande. Laisser macérer au moins 2 heures ou toute une nuit au réfrigérateur. Cuire sur le gril huilé, à feu moyen. Badigeonner de sauce et retourner jusqu'à ce que la viande soit à point, environ 15 minutes en tout. Donne 8 portions.

COURONNE DE SAUCISSES

Les saucisses en fête. Épatantes.

Saucisses	2 lb	900 g
Sachets de mélange à farce, préparé tel qu'indiqué sur l'emballage	2 × 6 oz	2 × 170 g
Moutarde préparée	2 c. à soupe	30 mL
Sauce soja	2 c. à soupe	30 mL
Cassonade	2 c. à soupe	30 mL

Enfiler de la ficelle, et non du fil qui couperait les saucisses, dans une grosse aiguille. Faire passer la ficelle au centre de chaque saucisse. Coucher les saucisses à plat sur le comptoir. Le collier de saucisse devrait mesurer environ 35 cm (14 po) de long, ou moins.

Former une boule de farce et la déposer au milieu des saucisses. Relever les saucisses autour de la farce. Attacher les bouts de la ficelle et couper ce qui dépasse. Mettre debout sur 2 ou 3 assiettes à tarte en aluminium superposées ou dans un moule à pizza. Remplir avec le reste de farce.

Mélanger la moutarde, la sauce soja et la cassonade dans un petit bol. Badigeonner les saucisses de sauce. Cuire la couronne de saucisses sur le gril, à feu moyen, suivant la méthode de cuisson indirecte (voir page 149). Fermer le barbecue. Badigeonner souvent les saucisses durant la cuisson, qui durera environ 45 minutes pour que les saucisses soient à point. Tourner le plat à mi-cuisson. Pour 8 personnes.

Photo à la page 35.

CÔTES À LA MODE DE JAVA

Loin d'être ordinaires, et combien savoureuses. Les côtes sont cuites avant d'être grillées au barbecue.

Petites côtes de porc	6 lb	2,75 kg
Eau pour couvrir		
Feuilles de laurier	2	2
Thym	3/4 c. à thé	4 mL
Sel d'oignon	1/2 c. à thé	2 mL
Poivre	1/2 c. à thé	2 mL
MARINADE DE JAVA		
Café préparé, fort	1 1/4 tasse	300 mL
Ketchup	1 1/4 tasse	300 mL
Cassonade, tassée	2/3 tasse	150 mL
Vinaigre de cidre	1/2 tasse	125 mL
Sauce Worcestershire	4 c. à thé	20 mL

(suite...)

Couper les côtes en sections d'environ 3 côtes chacune. Mettre le tout dans une marmite. Couvrir d'eau et ajouter le laurier, le thym, le sel d'oignon et le poivre. Porter à ébullition. Cuire à petits bouillons, à couvert, environ 1 heure, jusqu'à ce que les côtes soient tendres, mais pas assez longtemps pour que la viande se détache des os. Égoutter. Laisser refroidir quelques minutes.

Marinade de Java - Mettre les 5 ingrédients dans un grand bol. Remuer pour dissoudre le sucre. Ajouter les côtes en ayant soin de les couvrir de liquide. Laisser macérer 30 minutes à la température de la pièce. Cuire sur le gril huilé, à feu chaud, 10 à 20 minutes, jusqu'à ce que les côtes grésillent et soient glacées. Les badigeonner de marinade et les retourner souvent pendant la cuisson. Pour 8 à 10 personnes.

Photo à la page 17.

CÔTES À LA BROCHE

Ces côtes sont glacées sans même qu'il faille les badigeonner pendant la cuisson. On peut toutefois les assaisonner de sauce.

Carré de côtes de porc	3¹/₂ lb	1,6 kg
Sauce barbecue, voir page 84		
(au goût)		

Les côtes devraient mesurer environ 10 cm (4 po) de long. Si le carré n'a pas été scié en deux, les côtes seront trop longues. Enfiler les côtes en accordéon sur une broche, c'est-à-dire de façon que les côtes les plus courtes soient aux extrémités et les plus longues au milieu. Retirer le gril. Placer une ou plusieurs lèchefrites sous les côtes, en dessous du gril. Y verser environ 5 cm (2 po) d'eau. Cuire à la broche, à feu doux, 1¹/₂ heure à 2 heures. Rajouter de l'eau dans la lèchefrite au besoin. Si le barbecue est au charbon, écarter les briquettes pour faire de la place et installer les lèchefrites directement au fond du barbecue. Il n'est pas nécessaire d'y mettre de l'eau. Fermer le barbecue.

Commencer à arroser les côtes de sauce barbecue, si du moins l'on s'en sert, 30 minutes après le début de la cuisson. Badigeonner toutes les 10 minutes jusqu'à ce que la viande soit cuite. La viande sera croustillante à l'extérieur, mais tendre à l'intérieur. Quand les côtes sont à point, la viande se détache facilement et entièrement de l'os. Couper entre les côtes pour servir. Pour 4 ou 5 personnes.

BROCHETTES DE PORC

Le porc et les pommes — un mélange classique.

Haut d'épaule de porc sans os, coupé à 2,5 cm (1 po) d'épaisseur	2,2 lb	1 kg
Vinaigre	3 c. à soupe	50 mL
Huile de cuisson	2 c. à soupe	30 mL
Flocons d'oignon, broyés	2 c. à soupe	30 mL
Poudre chili	1 c. à soupe	15 mL
Gingembre	$\frac{1}{2}$ c. à thé	2 mL
Sel d'assaisonnement	2 c. à thé	10 mL
Pommes non pelées, coupées en 2 sur la largeur, puis coupées en 4		

Couper la viande en tranches étroites de 12 mm ($\frac{1}{2}$ po) de large, puis en carrés.

Bien mélanger le vinaigre, l'huile, les flocons d'oignon, la poudre chili, le gingembre et le sel d'assaisonnement dans un bol profond. Ajouter la viande. Remuer pour napper. Couvrir. Laisser macérer au réfrigérateur 2 à 3 heures. Remuer de temps en temps.

Enfiler la viande sur des brochettes (faire tremper les brochettes de bois à l'avance pendant 30 minutes), alternant avec des morceaux de pommes. Ne mettre que quelques morceaux de pommes si les brochettes seront servies en hors-d'œuvre, et davantage si elles sont le plat de résistance. Cuire sur le gril, à feu moyen, jusqu'à ce que la viande ne soit plus rosée, 15 à 20 minutes. Retourner souvent pendant la cuisson, en arrosant à chaque fois. Donne 12 brochettes servies en hors-d'œuvre et 6 en plat de résistance.

Photo à la page 125.

Variante - Ajouter des morceaux de poivron rouge ou vert ou d'oignon aux brochettes.

SAUCISSES EN ROBE

Une brochette qui plaît aux jeunes.

Saucisses coupées en 4 morceaux sur la largeur	12	12
Tranches de bacon, coupées en 6 morceaux sur la largeur	8	8
SAUCE DE FRANCFORT		
Sauce chili	$^1/_2$ tasse	125 mL
Cassonade	2 c. à soupe	30 mL
Vinaigre	2 c. à soupe	30 mL
Sauce Worcestershire	$^1/_4$ c. à thé	1 mL
Poudre d'oignon	$^1/_4$ c. à thé	1 mL

Enfiler 8 morceaux de saucisse et 8 morceaux de bacon sur 6 brochettes (faire tremper les brochettes de bois à l'avance pendant 30 minutes).

Sauce de Francfort - Mélanger les ingrédients dans un petit bol. Griller les saucisses à feu chaud, en les arrosant de sauce et en les retournant souvent, jusqu'à ce qu'elles soient chaudes et glacées et que le bacon soit à point, environ 10 minutes. Au lieu de couper le bacon, on peut l'enfiler en accordéon autour des morceaux de saucisse. Cette méthode exige davantage de bacon, mais l'apparence y gagne. Pour 6 personnes.

JAMBON AU NOIR

Quand la viande est cuite à l'avance, c'est tellement simple de recevoir.

Tranches de jambon, 2 cm ($^3/_4$ po) d'épaisseur	2	2
Jus d'orange condensé	$^1/_4$ tasse	50 mL
Cassonade, tassée	$^1/_2$ tasse	125 mL
Moutarde en poudre	$^1/_2$ c. à thé	2 mL

Entailler le gras du jambon pour éviter qu'il lève pendant la cuisson, ou le couper en portions. Ôter l'excès de graisse.

Dans un petit bol, mélanger le jus d'orange, le sucre et la moutarde en poudre. Cuire le jambon sur le gril, à feu chaud. Le dorer légèrement. Badigeonner de sauce. Retourner souvent, en le badigeonnant de sauce à chaque fois. Arrêter la cuisson lorsque le jambon est bien glacé. Pour 6 personnes.

CÔTELETTES DE PORC FUMÉES - Il n'y a qu'à les réchauffer. Les cuire comme le jambon, éventuellement en les arrosant de sauce à l'orange, page 112.

CÔTELETTES DE PORC SUPRÊMES

Cette marinade s'accorde particulièrement avec les coupes maigres.

MARINADE

Eau	½ tasse	125 mL
Sauce soja	⅓ tasse	75 mL
Huile de cuisson	¼ tasse	60 mL
Assaisonnement au poivre et au citron	3 c. à soupe	50 mL
Gousses d'ail, émincées	2	2
Côtelettes de porc, dégraissées	6	6

Marinade - Bien mélanger l'eau, la sauce soja, l'huile, l'assaisonnement au poivre et au citron et l'ail dans un bol profond.

Mettre la viande dégraissée dans la marinade. Laisser macérer au moins 45 minutes. Cuire sur le gril huilé, à feu moyen, environ 25 minutes en tout. Retourner et arroser durant la cuisson. Donne 6 portions.

POULET À LA BROCHE

Le poulet cuit dans son jus. Bon tel quel, il encore meilleur arrosé de sauce barbecue ou de marmelade.

Poulet, prêt à cuire	4 lb	1,8 kg
Sauce barbecue, voir page 84 (au goût)		
Marmelade d'oranges (au goût)		

Attacher les ailes au corps. Embrocher le poulet. Attacher les pilons et le croupion à la broche. Serrer les pointes. Placer une lèchefrite sous le poulet, sur les pierres de lave. Verser de l'eau dans la lèchefrite, en rajoutant au besoin. Si le barbecue est au charbon, suivre la méthode de cuisson indirecte (voir page 149). Cuire dans le barbecue fermé, à feu doux, environ 1¼ heure. Lorsque le poulet est presque à point, on peut le badigeonner de sauce ou de marmelade à plusieurs reprises pendant les dernières minutes de cuisson. Le poulet est cuit quand la viande se détache facilement du bas du pilon. Pour 5 ou 6 personnes.

POULET AU CITRON ET À L'AIL

Préparer à l'avance, puis réfrigérer jusqu'au moment de griller. Les poitrines désossées cuisent très vite. Un choix avisé.

Jus d'un citron	1	1
Huile de cuisson	1 c. à soupe	15 mL
Gousse d'ail, émincée	1	1
Assaisonnement au poivre et au citron	¹/₂ c. à thé	2 mL
Origan	¹/₈ c. à thé	0,5 mL
Poivre de Cayenne, pincée		
Poitrines de poulet sans peau, coupées en 2 et désossées	4	4

Bien mélanger les 6 premiers ingrédients dans un petit bol.

Badigeonner les poitrines de poulet. Laisser reposer à la température de la pièce pendant 30 minutes ou quelques heures au réfrigérateur, empilées dans un bol. Cuire environ 15 minutes sur le gril huilé, à feu chaud, en retournant de temps en temps. Pour 4 personnes.

PALETS DE DINDE

Servir comme plat de résistance avec des légumes ou dans un pain, en guise de sandwich.

Dinde ou poulet haché	1 lb	454 g
Chapelure	¹/₃ tasse	75 mL
Carottes, râpées	¹/₃ tasse	75 mL
Sel	1 c. à thé	5 mL
Poivre	¹/₄ c. à thé	1 mL
Thym	¹/₂ c. à thé	2 mL
Bouillon de poulet en poudre	1 c. à thé	5 mL
Eau chaude	¹/₄ tasse	50 mL
Huile de cuisson		

Mélanger les 6 premiers ingrédients dans un bol.

Dissoudre le bouillon dans l'eau chaude. Ajouter à la viande. Bien mélanger. Diviser en palets de 12 mm (¹/₂ po) d'épaisseur.

Badigeonner d'huile. Cuire sur le gril, à feu chaud, jusqu'à ce qu'ils soient dorés. Retourner. Badigeonner les palets d'huile s'ils semblent secs. Cuire jusqu'à ce que la viande soit bien cuite, 8 à 10 minutes de chaque côté. Donne 5 ou 6 palets.

POULET EN SAUCE

Les téméraires peuvent augmenter la quantité de poivre et de sauce piquante.

Jus de tomate	¹/₂ tasse	125 mL
Oignon haché	¹/₂ tasse	125 mL
Jus de tomate	¹/₂ tasse	125 mL
Sauce Worcestershire	2 c. à soupe	30 mL
Huile de cuisson	¹/₄ tasse	50 mL
Poivre	1 c. à thé	5 mL
Sauce piquante aux piments	¹/₄ c. à thé	1 mL
Vinaigre	³/₄ tasse	175 mL
Sel	1¹/₂ c. à thé	7 mL
Sucre granulé	1¹/₂ c. à thé	7 mL
Moitiés de poulet	8	8

Passer la première quantité de jus de tomate et l'oignon au broyeur. Verser dans un bol.

Ajouter les 8 ingrédients suivants. Remuer. Badigeonner le poulet. Laisser reposer 30 minutes.

Déposer le poulet sur le barbecue, côté coupé contre la grille, et cuire à feu moyen. Badigeonner de sauce. Retourner et badigeonner souvent de sauce. Cuire environ 1 heure en tout. Fermer le barbecue pour accélérer la cuisson. Pour 8 personnes.

1. Laitue farcie page 123
2. Sandwiches au crabe page 55
3. Pain de viande au barbecue page 19
4. Salade de macaroni page 121
5. Tarte aux pommes au barbecue page 65

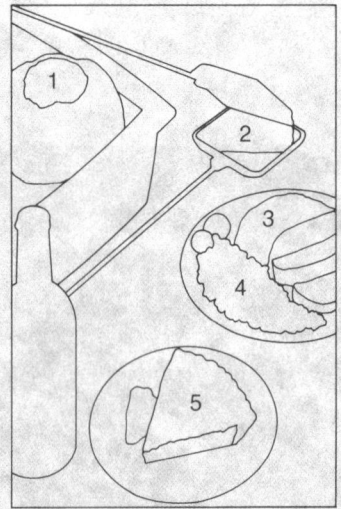

FRICADELLES DE POULET AU TERIYAKI

Une poitrine de poulet grillée fait un excellent sandwich chaud.

Sauce soja	1/4 tasse	50 mL
Cassonade	2 c. à soupe	30 mL
Gingembre	1/4 c. à thé	1 mL
Poudre d'ail	1/4 c. à thé	1 mL
Grosses poitrines de poulet sans la peau, coupées en deux et désossées	3	3
Rondelles d'ananas	6	6
Pains à hamburger, tranchés et beurrés	6	6
Feuilles de laitue	6	6
Tranches de tomate	6	6
Mayonnaise (au goût)		

Mélanger la sauce soja, le sucre, le gingembre et la poudre d'ail dans un petit bol. Remuer.

Badigeonner le poulet de cette sauce. Cuire sur le gril, à feu moyen, 20 minutes en tout. Retourner et arroser souvent pendant la cuisson.

Badigeonner les rondelles d'ananas de sauce. Les mettre sur le gril lorsque le poulet est presque à point. Dorer des deux côtés.

Sur la partie inférieure des petits pains, déposer une feuille de laitue, une tranche de tomate, un peu de mayonnaise, une tranche de poulet et une rondelle d'ananas. Refermer les petits pains. Donne 6 sandwiches de poulet grillé.

Photo à la page 53.

POULET TERIYAKI - Laisser macérer le poulet dans la sauce pendant 30 minutes. Cuire comme ci-dessus. Servir comme plat de résistance au lieu d'en sandwich.

POULET SPÉCIAL

La peau croustillante de ce poulet est un régal.

Moitiés ou poitrines de poulet	4	4
Sauce chili	1/2 tasse	125 mL
Sachet de mélange à soupe à l'oignon	1	1
Confiture d'abricots	1/4 tasse	50 mL

Cuire le poulet sur le gril huilé, à feu moyen, 15 minutes par côté.

Mélanger les 3 ingrédients suivants. Badigeonner le poulet de cette sauce. Retourner et badigeonner l'autre côté. Répéter souvent, jusqu'à ce que le poulet soit bien glacé. Il faut compter environ 1 1/4 heure pour la cuisson des moitiés de poulet, moins pour les poitrines. Pour 4 personnes.

POITRINES DE POULET FARCIES

Rouler les poitrines à l'avance, pour qu'elles soient prêtes à griller. Il se cache un peu de farce dans chaque morceau.

Grosses poitrines de poulet désossées, coupées en deux, avec la peau	3	3
Chapelure	1 tasse	250 mL
Carottes, râpées	¼ tasse	50 mL
Flocons de persil	½ c. à thé	2 mL
Flocons de céleri	½ c. à thé	2 mL
Flocons d'oignon	1 c. à thé	5 mL
Assaisonnement à volaille	¼ c. à thé	1 mL
Bouillon de poulet en poudre	½ c. à thé	2 mL
Eau chaude	¼ tasse	50 mL
Beurre ou margarine, fondu	¼ tasse	50 mL

Coucher les poitrines la peau vers le bas. Les marteler pour les aplatir.

Mettre la chapelure, les carottes, les flocons de persil, de céleri et d'oignon et l'assaisonnement à volaille dans un bol.

Verser le bouillon en poudre dans l'eau chaude. Ajouter graduellement au mélange de chapelure, en arrêtant lorsque le mélange est assez humide pour former des boulettes. En déposer une cuillerée sur chaque morceau de poulet. Rouler, en repliant les extrémités. Retenir avec des cure-dents préalablement trempés dans de l'eau pendant au moins 20 minutes.

Arroser de beurre. Cuire sur un gril huilé, à feu moyen, en retournant toutes les 5 minutes. Arroser de beurre à chaque fois. Il peut être nécessaire de faire fondre d'autre beurre. La cuisson totale dure 20 à 30 minutes. Donne 6 portions.

Photo sur la couverture.

POULET EN PAPILLOTES

Un repas complet en une étape — chaque papillote contient du poulet, des pommes de terre, des carottes et des oignons.

Petites poitrines de poulet, coupées en deux	3	3
Pilons de poulet	6	6
Pommes de terre moyennes, tranchées	6	6
Carottes moyennes, tranchées	6	6
Oignons, plutôt petits, tranchés	6	6
Sel, pincée		
Poivre, pincée		
Beurre ou margarine	12 c. à thé	60 mL

(suite...)

Couper 6 carrés de papier d'aluminium doublé. Sur chacun, déposer ½ poitrine de poulet, 1 pilon, 1 pomme de terre tranchée, 1 carotte tranchée et 1 oignon tranché. Saler et poivrer. Garnir de 10 mL (2 c. à thé) de beurre. Envelopper. Mettre à cuire sur le gril. Retourner après 20 minutes. Cuire 20 minutes de plus. Pour 6 personnes.

CANARD À L'ORANGE À LA BROCHE

L'occasion idéale de goûter au canard d'élevage. Bon nature ou avec de la marmelade.

Canard d'élevage	**4 lb**	**1,8 kg**
Marmelade d'oranges	**½ tasse**	**125 mL**

Ficeler les ailes et le cou pour les maintenir contre le canard. Embrocher le canard. Attacher les pilons et le croupion à la broche. Verser 5 cm (2 po) d'eau dans une lèchefrite et déposer celle-ci sur les pierres de lave, sous le gril, directement sous le canard. Percer le canard ici et là pour que la graisse s'écoule. Rajouter de l'eau dans la lèchefrite, au besoin. Si le barbecue est au charbon, suivre la méthode de cuisson indirecte (voir page 149). Cuire environ 1½ heure.

Lorsque le canard est presque à point, le badigeonner de marmelade. Cuire 10 minutes de plus. Servir accompagné de sauce à l'orange. Pour 4 personnes.

SAUCE À L'ORANGE

Jus d'orange	**1 tasse**	**250 mL**
Zeste d'orange râpé	**1 c. à soupe**	**15 mL**
Jus de citron	**1 c. à thé**	**5 mL**
Sucre granulé	**2 c. à soupe**	**30 mL**
Fécule de maïs	**1½ c. à soupe**	**25 mL**
Vinaigre de cidre	**1 c. à soupe**	**15 mL**

Battre tous les ingrédients dans une petite casserole. Chauffer et remuer jusqu'à ébullition et épaississement. Napper le canard de sauce ou servir celle-ci en saucière.

POULES CORNISH

Ces poules sont excellentes cuites à la broche, sans être arrosées de sauce. Elles baignent dans leur jus.

Poules Cornish d'environ 454 g (1 lb) chacune	4	4

Au besoin, dégeler les poules. Les laisser reposer à la température de la pièce pendant ³/₄ d'heure après qu'elles sont dégelées. Ficeler les ailes pour les maintenir contre le corps. Installer une pointe sur la broche. Embrocher les poules. Attacher les pattes et le croupion à la broche. Presser les poules ensemble. Installer une deuxième pointe sur la broche. Piquer les poules. Serrer le tout.

Ôter la grille. Placer 1 ou 2 lèchefrites sous les poules. Y verser 5 cm (2 po) d'eau. Insérer la broche dans le barbecue. Cuire à feux doux dans le barbecue fermé jusqu'à ce que les poules soient tendres, 45 à 60 minutes. Rajouter de l'eau dans les lèchefrites au besoin. Servir accompagnées de sauce à l'orange. Prévoir 1 poule par personne.

SAUCE À L'ORANGE

Jus d'orange	1 tasse	250 mL
Sucre granulé	¹/₄ tasse	50 mL
Jus de citron	1 c. à soupe	15 mL
Zeste d'orange râpé	1 c. à thé	5 mL
Fécule de maïs	1 c. à soupe	15 mL
Eau	1 c. à soupe	15 mL

Chauffer les 4 premiers ingrédients dans une petite casserole, à feu moyen. Porter à ébullition.

Mélanger la fécule de maïs et l'eau. Incorporer au mélange de jus d'orange en remuant, jusqu'à ébullition et épaississement. Verser la sauce dans les assiettes, y déposer les poules, puis napper celles-ci de sauce. Donne assez de sauce pour 4 poules.

Photo à la page 125.

POULES CORNISH AU BARBECUE - Pendant les dernières minutes de cuisson, badigeonner les poules de marinade teriyaki (page 27), de sauce barbecue (page 84) ou de marmelade à plusieurs reprises.

POULES CORNISH RAPIDES - Ficeler les ailes pour les maintenir contre le corps et attacher les pattes au croupion. Cuire au four dans un plat à rôtir à découvert, à 400 °F (200 °C) pendant ³/₄ d'heure à 1 heure, jusqu'à ce que les poules soient tendres. Les réfrigérer en attendant de finir la cuisson au barbecue, ou les transférer directement sur le gril huilé et chaud. Badigeonner de sauce barbecue. Retourner souvent. Prévoir 1 poule par personne.

POITRINES DE POULET AU BARBECUE

Les morceaux de poulet étant cuits à l'avance, la cuisson finale ne prend que quelques instants.

Poitrines et cuisses de poulet, sans peau	6 lb	2,75 kg
Ketchup	¹/₂ tasse	125 mL
Eau	¹/₄ tasse	50 mL
Jus de pomme	¹/₄ tasse	50 mL
Jus de citron	2 c. à soupe	30 mL
Vinaigre de cidre	1 c. à soupe	15 mL
Sucre granulé	2 c. à soupe	30 mL
Sauce Worcestershire	1 c. à thé	5 mL
Sel d'assaisonnement	¹/₂ c. à thé	2 mL

Cuire les morceaux de poulet à couvert dans un plat à rôtir, à 350 °F (180 °C), jusqu'à ce qu'ils soient tout juste tendres. Les réfrigérer en attendant de finir la cuisson.

Mélanger les autres ingrédients dans un petit bol. Ajouter les morceaux de poulet. Mélanger pour couvrir. Laisser reposer 30 minutes. Cuire les morceaux de poulet sur le gril, à feu chaud, en les retournant et en les badigeonnant souvent, jusqu'à ce qu'ils soient glacés. Pour 8 personnes.

POULET VITE-FAIT - Badigeonner les morceaux de poulet cuits de sauce barbecue (page 84), pendant la cuisson.

SUPRÊME DE POULET

De succulents morceaux de poulet nagent dans une sauce veloutée dans ces petits paquets.

Petites poitrines de poulet (ou 3 grosses, coupées en deux)	6	6
Crème de champignons, condensée	2 × 10 oz	2 × 284 mL
Oignons verts, hachés	2 c. à soupe	30 mL
Flocons de persil	1 c. à thé	5 mL
Sel	¹/₂ c. à thé	2 mL
Thym	¹/₄ c. à thé	1 mL

Enlever la peau du poulet. Couper 6 carrés de papier d'aluminium doublé.

Mélanger la soupe, les oignons, le persil, le sel et le thym dans un bol. Diviser le mélange en deux. En répartir une moitié au centre des carrés de papier d'aluminium. Couvrir d'un morceau de poulet, puis suivre avec le reste du mélange. Bien envelopper. Cuire sur le gril, à feu moyen, environ 20 minutes. Retourner. Cuire jusqu'à ce que le poulet soit tendre, environ 25 minutes de plus. Pour 6 personnes.

MOITIÉS DE POULET

Quoi de plus simple que de servir un demi-poulet par personne.

MARINADE DE CITRON

Jus de citron	$^1/_3$ tasse	75 mL
Huile de cuisson	$^1/_4$ tasse	50 mL
Sauce Worcestershire	1 c. à soupe	15 mL
Sel d'oignon	$^1/_2$ c. à thé	2 mL
Sel de céleri	$^1/_2$ c. à thé	2 mL
Poulets à griller d'environ 1,8 kg (2 lb) chacun, coupés en deux	2	2

Marinade au citron - Mélanger les 5 premiers ingrédients dans un petit bol.

Badigeonner le poulet de marinade. Le poser, côté chair contre le gril. Cuire à feu moyen, en retournant et en badigeonnant toutes les 10 minutes jusqu'à ce que le poulet soit à point, $^3/_4$ d'heure à 1 heure. Pour 4 personnes.

POULET AU MIEL

Miel	$^1/_3$ tasse	75 mL
Moutarde préparée	1 c. à soupe	15 mL
Poudre de cari	$^1/_2$ c. à thé	2 mL

Mélanger tous les ingrédients ensemble. Badigeonner le poulet de ce mélange durant les dernières minutes de la cuisson.

POULET À L'ORIENTALE

Macéré dans du jus de pamplemousse, et plus encore!

Jus de pamplemousse	$1^1/_2$ tasse	375 mL
Huile de cuisson	$^1/_2$ tasse	125 mL
Vinaigre	$^1/_4$ tasse	50 mL
Sucre granulé	1 c. à soupe	15 mL
Sel	1 c. à thé	5 mL
Moutarde préparée	1 c. à thé	5 mL
Flocons d'oignon	2 c. à thé	10 mL
Gousse d'ail, émincée	1	1
Origan	$^1/_2$ c. à thé	2 mL
Paprika	$^1/_2$ c. à thé	2 mL
Thym	$^1/_8$ c. à thé	0,5 mL
Morceaux de poulet	3 lb	1,4 kg

(suite...)

Mélanger les 11 premiers ingrédients dans un bol profond. Bien remuer.

Ajouter le poulet. Macérer une journée entière ou une nuit au réfrigérateur. Cuire le poulet sur le gril huilé, à feu moyen. Retourner et badigeonner souvent. Cuire 30 à 35 minutes. Pour 4 personnes.

PILONS DE POULET

Une judicieuse façon de servir des restes de poulet.

Farine tout usage	¹/₃ **tasse**	**75 mL**
Sel	**1 c. à thé**	**5 mL**
Poivre	¹/₄ **c. à thé**	**1 mL**
Paprika	¹/₂ **c. à thé**	**2 mL**
Œufs	**2**	**2**
Chapelure fine	¹/₃ **tasse**	**75 mL**
Parmesan râpé	¹/₃ **tasse**	**75 mL**
Pilons de poulet, cuits et refroidis	**12**	**12**
Beurre ou margarine, fondu	¹/₂ **tasse**	**125 mL**

Mettre la farine, le sel, le poivre et le paprika dans un sac de plastique. Secouer pour mélanger le tout.

Battre les œufs jusqu'à ce qu'ils soient lisses.

Mélanger la chapelure et le parmesan ensemble dans un récipient peu profond.

Enlever la peau des pilons. Les mettre dans le sac à raison de 3 ou 4 à la fois. Secouer pour les couvrir de farine. Les tremper dans les œufs. Les rouler dans le mélange de fromage de façon à les paner entièrement. Déposer sur un plateau. Réfrigérer 30 minutes.

Badigeonner de beurre fondu. Cuire sur le gril huilé, à feu chaud. Retourner et badigeonner souvent. Cuire 15 à 20 minutes.

Photo à la page 35.

POULET AU BARBECUE

Ce poulet, tendre et juteux, est d'abord cuit au four, puis au barbecue.

Cuisses de poulet, entières ou découpées	**3 lb**	**1,35 kg**
Poitrines de poulet, coupées en deux	**3 lb**	**1,35 kg**

Disposer les morceaux de poulet dans un plat à rôtir. Couvrir et cuire au four à 325 °F (160 °C) environ 1 heure, jusqu'à ce que le poulet soit presque à point. Laisser refroidir quelques minutes. Réfrigérer en attendant de finir la cuisson au barbecue.

Badigeonner le poulet de sauce au citron. Laisser reposer 30 minutes. Cuire sur le gril, à feu chaud. Badigeonner de sauce le dessus des morceaux de poulet. Retourner au bout de quelques minutes de cuisson et badigeonner l'autre côté. Répéter. Cuire environ 30 minutes en tout. Pour 8 personnes.

SAUCE AU CITRON

Jus de citron	**¹/₃ tasse**	**75 mL**
Huile de cuisson	**¹/₃ tasse**	**75 mL**
Vinaigre de vin	**¹/₃ tasse**	**75 mL**
Sauce soja	**¹/₂ c. à thé**	**2 mL**
Sel	**1 c. à thé**	**5 mL**
Poivre	**¹/₄ c. à thé**	**1 mL**
Thym	**¹/₄ c. à thé**	**1 mL**

Mélanger tous les ingrédients dans une casserole. Chauffer et remuer jusqu'à ébullition et épaississement. Laisser mijoter 2 ou 3 minutes. Badigeonner le dessus des morceaux de poulet de cette sauce pendant la cuisson, chaque fois qu'on les retourne. Donne environ 225 mL (1 tasse).

POULET D'AVANCE - Badigeonner les morceaux de poulet de sauce barbecue pendant la cuisson sur le gril. Retourner et badigeonner le poulet jusqu'à ce qu'il soit très chaud. Simple et rapide, et le poulet est juste à point.

DÉLICE DE POULET

Un léger goût de tomate sans la couleur.

Vinaigre	1¹/₂ tasse	375 mL
Pâte de tomates	5¹/₂ oz	156 mL
Huile de cuisson	¹/₂ tasse	125 mL
Sel	2 c. à thé	10 mL
Poudre d'oignon	¹/₂ c. à thé	2 mL
Poudre d'ail	¹/₂ c. à thé	2 mL
Paprika	1 c. à thé	5 mL
Poivre	¹/₂ c. à thé	2 mL
Sauce Worcestershire	1 c. à soupe	15 mL
Morceaux, moitiés ou quarts de poulet	4¹/₂ lb	2 kg

Mélanger les 9 premiers ingrédients dans un petit bol. Bien mélanger. Verser dans un sac de plastique.

Ajouter le poulet. Fermer le sac. Réfrigérer 3 ou 4 heures, ou toute une nuit. Cuire sur le gril, à feu moyen, 20 à 30 minutes en tout. On peut arroser le poulet si on le désire. Pour 6 personnes.

AILES DE POULET GRILLÉES

Elles cuisent dans un plat en aluminium sur le gril.

Ailes de poulets, sans les bouts	3 lb	1,35 kg
Ketchup	2 c. à soupe	30 mL
Vinaigre de cidre	2 c. à soupe	30 mL
Huile de cuisson	1 c. à soupe	15 mL
Moutarde préparée	1 c. à thé	5 mL
Sel	³/₄ c. à thé	4 mL
Poivre	¹/₄ c. à thé	1 mL
Poudre d'ail	¹/₄ c. à thé	1 mL

Disposer les ailes dans un grand plat en aluminium.

Mélanger les autres ingrédients dans un petit bol. Verser le mélange sur les ailes en ayant soin de les couvrir complètement. Cuire à découvert sur le gril à feu moyen, suivant la méthode de cuisson indirecte (voir page 149). Fermer le barbecue. Cuire les ailes jusqu'à ce qu'elles soient tendres et dorées, environ 20 minutes. Tourner le plat à mi-cuisson. Donne environ 18 ailes. Pour 3 personnes, préparer des portions de 6 ailes. Pour 8 personnes, en hors-d'œuvre, couper les ailes et servir des portions de 4 morceaux.

Photo à la page 89.

AILES DE POULET À L'ORIENTALE

Comme plat de résistance ou hors-d'œuvre, elles régalent toujours!

Ailes de poulet	3 lb	1,4 kg
Huile de cuisson		

SAUCE ORIENTALE		
Sauce soja	1/4 tasse	50 mL
Cassonade	2 c. à soupe	30 mL
Poudre d'oignon	1/8 c. à thé	0,5 mL
Poudre d'ail	1/8 c. à thé	0,5 mL
Gingembre	1/8 c. à thé	0,5 mL

Badigeonner les ailes d'huile de cuisson. Les laisser sur le gril, à feu moyen, environ 3 minutes. Retourner et cuire l'autre côté.

Sauce orientale - Mélanger les 5 ingrédients ensemble dans un petit bol. Badigeonner les ailes de ce mélange. Poursuivre la cuisson jusqu'à ce que les ailes soient bien glacées. Donne 3 portions de 6 ailes. Pour servir en hors-d'œuvre à 8 personnes, couper les ailes et servir 4 ou 5 morceaux par portion.

Photo à la page 89.

AILES AIGRES-DOUCES		
Vinaigre	1/4 tasse	50 mL
Cassonade, tassée	1/2 tasse	125 mL
Sauce soja	1 1/2 c. à thé	7 mL
Ketchup	1 c. à thé	5 mL

Mélanger les 4 ingrédients ensemble. Badigeonner les ailes de ce mélange à plusieurs reprises durant la cuisson, jusqu'à ce qu'elles soient glacées et croustillantes.

POULET AUX POMMES

Un vrai festin! Laisser un peu cuire les morceaux de poulet avant de les arroser.

Sauce chili	1 tasse	250 mL
Gelée de pommes ou de pommettes	³/₄ tasse	175 mL
Bouillon de poulet en poudre	2 c. à thé	10 mL
Poudre d'oignon	¹/₄ c. à thé	1 mL
Moutarde en poudre	¹/₄ c. à thé	1 mL
Morceaux de poulet	3 lb	1,4 kg

Verser les 5 premiers ingrédients dans une petite casserole. Chauffer sur le côté du gril. Remuer souvent.

Mettre les morceaux de poulet sur le gril huilé, chauffé à feu moyen. Griller 10 minutes par côté. Arroser de sauce. Retourner. Arroser et retourner toutes les 4 minutes jusqu'à ce que le poulet soit cuit, soit 30 à 35 minutes. Pour 4 personnes.

YAKITORI

Ces brochettes de poulet cuisent très vite. Elles sont idéales comme hors-d'œuvre ou plat de résistance. Les champignons les complètent à merveille.

Sauce soja	¹/₂ tasse	125 mL
Sherry (ou sherry sans alcool)	¹/₄ tasse	50 mL
Cassonade	2 c. à soupe	30 mL
Gingembre	¹/₂ c. à thé	2 mL
Poudre d'ail	¹/₄ c. à thé	1 mL
Poitrines de poulet désossées	2	2
Jeunes champignons entiers	24	24
Oignons verts	8	8

Mélanger les 5 premiers ingrédients dans un bol profond.

Découper le poulet en bouchées. Retirer ou non les pieds des champignons. Couper les oignons en morceaux de 2,5 cm (1 po) de long. Mettre le poulet, les champignons et les oignons dans le mélange de sauce soja, dans le bol. Laisser reposer 30 minutes. Enfiler sur de longues brochettes si le yakitori est servi comme plat de résistance ou sur de courtes brochettes s'il est servi en hors-d'œuvre (faire tremper les brochettes de bois à l'avance pendant 30 minutes). Cuire sur le gril à feu très chaud. Retourner et arroser souvent avec ce qui reste de sauce. Cuire 10 à 15 minutes en tout. Donne 4 portions en plat de résistance et 8 en hors-d'œuvre.

FRICASSÉ DE POULET

Ce plat fricassé se prépare en un clin d'œil. Pour doubler la recette, la répéter. Servir avec du riz.

Huile de cuisson	2 c. à soupe	30 mL
Poulet ou porc, en petits cubes	1 lb	454 g
Gros oignon, haché	1	1
Germes de haricots frais	12 oz	350 g
Céleri, tranché fin	2 tasses	500 mL
Pousses de bambou égouttées et tranchées	10 oz	284 mL
Sauce soja	1 c. à soupe	15 mL
Poudre d'ail	1/8 c. à thé	0,5 mL
Sel	1/4 c. à thé	1 mL
Poivre	1/4 c. à thé	1 mL
Bouillon de bœuf en poudre	2 c. à thé	10 mL
Eau chaude	1 tasse	250 mL
Fécule de maïs	1 c. à soupe	15 mL
Eau froide	1 c. à soupe	15 mL

Faire chauffer l'huile dans un wok ou une poêle à frire sur le gril très chaud. Ajouter le poulet. Saisir en remuant rapidement, environ 5 minutes.

Ajouter les 8 ingrédients suivants. Continuer de remuer rapidement jusqu'à ce que le poulet soit complètement cuit et que les légumes soient tendres, mais encore croustillants.

Dissoudre le bouillon de bœuf en poudre dans l'eau chaude. Verser dans le wok. Remuer.

Mélanger la fécule de maïs et l'eau. Ajouter au contenu du wok en remuant jusqu'à ce que le liquide cuise et épaississe. Goûter, et rajouter du poivre au besoin. Donne 4 portions.

POULET EXPRESS

Croustillant et délicieux.

Sauce soja	1/2 tasse	125 mL
Huile de cuisson	1/4 tasse	50 mL
Ketchup	1 c. à soupe	15 mL
Poudre d'ail	1/4 c. à thé	1 mL
Morceaux de poulet	3 lb	1,4 kg

Mélanger la sauce soja, l'huile, le ketchup et la poudre d'ail dans un bol.

Tremper les morceaux de poulet dans la sauce. Les déposer sur le gril et cuire à feu moyen, en retournant, environ 30 minutes en tout. Badigeonner de sauce une ou deux fois pendant la cuisson. Pour 4 personnes.

SALADE DE MACARONI

Toujours agréable pour un repas en plein air, par temps chaud.

Macaroni en coudes **(ou petites coquilles)**	**2 tasses**	**500 mL**
Eau bouillante	**2¹/₂ pte**	**3 L**
Huile de cuisson	**1 c. à soupe**	**15 mL**
Sel	**2 c. à thé**	**10 mL**
Sauce à salade **(comme Miracle Whip)**	**³/₄ tasse**	**175 mL**
Pimiento, haché	**2 c. à soupe**	**30 mL**
Oignons verts, hachés	**2 c. à soupe**	**30 mL**
Cornichon sucré, haché	**2 c. à soupe**	**30 mL**
Sucre granulé	**1 c. à soupe**	**15 mL**
Moutarde préparée	**1 c. à thé**	**5 mL**
Sel d'assaisonnement	**¹/₂ c. à thé**	**2 mL**
Poivre	**¹/₄ c. à thé**	**1 mL**
Paprika		

À découvert dans un grand faitout, cuire le macaroni dans l'eau bouillante, l'huile et le sel, jusqu'à ce qu'il soit tendre, mais ferme, soit 5 à 7 minutes. Égoutter. Rincer à l'eau froide. Bien égoutter. Remettre les pâtes dans le faitout.

Mélanger les 8 ingrédients suivants dans un petit bol. Bien remuer. Ajouter au macaroni. Bien mélanger. Verser dans un plat de service. Réfrigérer au moins une heure. On peut, si on le désire, ajouter un peu de lait pour humecter la salade.

Saupoudrer de paprika. Donne environ 1,4 L (5¹/₂ tasses).

Photo à la page 107.

SALADE DE CONCOMBRES

Une salade du jardin exquise quand les concombres sont en saison, ou à l'année longue.

Concombre pelé, taillé en petits cubes	4 tasses	1 L
Sel, pincée		
Radis, tranchés fin	$^1/_3$ tasse	75 mL
Oignons verts, tranchés	$^1/_4$ tasse	50 mL
Carottes, râpées	$^1/_4$ tasse	50 mL
Mayonnaise	$^1/_2$ tasse	125 mL
Vinaigre	4 c. à thé	20 mL
Sucre granulé	2 c. à thé	10 mL

Saupoudrer de sel le concombre placé dans un bol. Laisser reposer environ 1 heure. Égoutter.

Ajouter les radis, les oignons verts et les carottes au concombre.

Dans un petit bol, mélanger la mayonnaise, le vinaigre et le sucre. Bien mélanger. Réfrigérer les légumes et la mayonnaise séparément. Au moment de servir, égoutter les légumes. Verser la mayonnaise sur les légumes. Mélanger et servir. Donne 6 portions.

SALADE DE GERMES DE HARICOTS

Une salade un peu exotique qui vaut d'être goûtée.

Pois mange-tout, frais ou surgelés	6 oz	170 g
Eau bouillante salée		
Germes de haricots frais	12 oz	350 g
Chou râpé, tassé	1 tasse	250 mL
Pimiento, haché	2 c. à soupe	30 mL
VINAIGRETTE		
Huile à salade	2 c. à soupe	30 mL
Sauce soja	2 c. à soupe	30 mL
Vinaigre	2 c. à soupe	30 mL
Cassonade	2 c. à soupe	30 mL

Ébouillanter les pois mange-tout pendant 1 minute. Égoutter. Laisser refroidir.

Mettre les germes de haricots, le chou et le pimiento dans un bol. Ajouter les pois mange-tout.

Vinaigrette - Mélanger les 4 ingrédients dans un petit bol. Au moment de servir, verser le tout sur les légumes dans un saladier. Mélanger. Pour 6 personnes.

LAITUE FARCIE

Un divin mélange de fromage se cache au cœur de la laitue. Il suffit de la couper en sections pour servir.

Petites têtes de laitue, ou 1 grosse	2	2
Fromage à la crème, ramolli	8 oz	250 g
Cheddar mi-fort, râpé	1/2 tasse	125 mL
Fromage bleu, égrainé	1/4 tasse	50 mL
Persil frais, haché	2 c. à soupe	30 mL
Flocons d'oignon, broyés	2 c. à thé	10 mL
Sauce Worcestershire	2 c. à thé	10 mL

Enlever les feuilles extérieures de la laitue. Couper et retirer le trognon et les feuilles du cœur. Les petites têtes se coupent en quartiers plus facilement que les grosses.

Mettre les autres ingrédients dans un bol. Bien mélanger. Farcir la laitue avec ce mélange. Envelopper dans une pellicule plastique. Réfrigérer. Pour servir, couper en sections. Servir telle quelle ou avec une vinaigrette. Donne 8 grosses portions.

Photo à la page 107.

CONFETTI DE CHOU

Des lanières de poivron rouge rehaussent le goût et l'apparence de cette délectable salade.

Chou, râpé fin, tassé	5 tasses	1,12 L
Poivron rouge, tranché très fin	1	1
Carottes, râpées	1/2 tasse	125 mL
Flocons d'oignon	1 c. à soupe	15 mL
Flocons de persil	1 c. à soupe	15 mL
Sel	1/2 c. à thé	2 mL
Sel de céleri	1/4 c. à thé	1 mL
Mayonnaise	1/2 tasse	125 mL
Vinaigre de cidre	1 c. à soupe	15 mL

Mélanger les 7 premiers ingrédients dans un grand bol. Si on substitue de l'oignon et du persil frais aux flocons, tripler ou quadrupler les quantités.

Mélanger la mayonnaise et le vinaigre. Ajouter aux légumes et bien mélanger. Pour 6 personnes.

SALADE CÉSAR

Classique.

CROÛTONS

Tranches de pain blanc, coupées en cubes et séchées	2 tasses	500 mL
Huile d'olive ou de cuisson	2 c. à soupe	30 mL
Sel d'ail, pincée (ou une gousse, émincée)		

SAUCE CÉSAR

Mayonnaise	1 tasse	250 mL
Jus de citron	1 c. à soupe	15 mL
Sauce Worcestershire	$1/2$ c. à thé	2 mL
Poudre d'ail	$1/4$ c. à thé	1 mL
Sel	$1/4$ c. à thé	1 mL
Poivre	$1/8$ c. à thé	0,5 mL
Grosse tête de laitue romaine	1	1
Parmesan râpé	$1/2$ tasse	125 mL
Croûtons préparés		

Croûtons - Faire sauter les cubes de pain dans l'huile, à la poêle. Saupoudrer de sel d'ail. Si l'ail est frais, le faire revenir avec les croûtons. Remuer pour faire dorer les croûtons. Laisser refroidir.

Sauce césar - Bien mélanger les 6 premiers ingrédients dans un bol.

Déchirer la laitue ou la couper en bouchées et la mettre dans un grand saladier. Ajouter le fromage et les croûtons. Au moment de servir, ajouter la sauce césar. Mélanger. Pour 6 personnes.

Photo à la page 125.

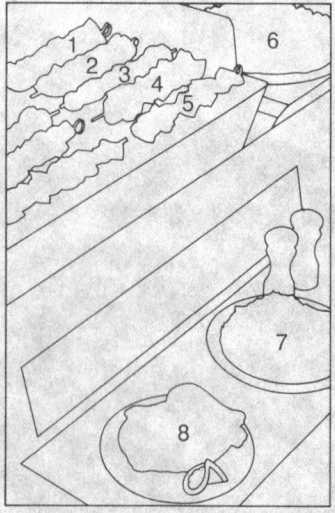

SALADE DE POMMES DE TERRE

Une bonne salade à préparer d'avance.

Pommes de terre moyennes	6	6
Eau bouillante salée		
Céleri, en dés	1 tasse	250 mL
Oignon, émincé	2 c. à soupe	30 mL
Ciboulette ou oignons verts, hachés	2 c. à soupe	30 mL
Persil haché	1 c. à thé	5 mL
Œufs durs, hachés	4	4
Sel	1 c. à thé	5 mL
Poivre	1/4 c. à thé	1 mL
Sauce à salade (comme Miracle Whip)	1 1/2 tasse	375 mL
Lait	1/3 tasse	75 mL
Moutarde préparée	1 c. à thé	5 mL
Sucre granulé	1 c. à thé	5 mL
Paprika, pincée		

Ébouillanter les pommes de terre non pelées dans l'eau salée jusqu'à ce qu'elles soient tendres. Égoutter. Laisser refroidir quelques instants. Peler. Les couper en dés et les mettre dans un grand bol.

Ajouter le céleri, les oignons, la ciboulette, le persil, les œufs, le sel et le poivre.

Dans un autre bol, mélanger la sauce à salade, le lait, la moutarde et le sucre jusqu'à obtenir un mélange lisse. Verser sur les pommes de terre. Bien mélanger, en raclant le fond du bol. Réfrigérer.

Au moment de servir, saupoudrer de paprika. Donne 6 portions d'environ 250 mL (1 tasse) chacune.

Photo à la page 53.

SALADE D'ÉPINARDS

Un agréable mélange pour les repas en plein air.

Grosse botte d'épinards	1	1
(ou une laitue romaine)		
Petit oignon rouge, tranché fin	1	1
Croûtons	1/2 tasse	125 mL
Petits champignons entiers	1 1/2 tasse	375 mL
Concombre, pelé et haché	1 1/2 tasse	375 mL
Tranches de bacon,	6	6
cuites et égrainées		
Œufs durs, hachés	2	2
VINAIGRETTE		
Huile de cuisson	1/3 tasse	75 mL
Sucre granulé	1/3 tasse	75 mL
Ketchup	1/4 tasse	60 mL
Vinaigre	3 c. à soupe	50 mL
Flocons d'oignon	1 1/2 c. à soupe	25 mL
Sauce Worcestershire	1 1/2 c. à thé	7 mL

Mettre les épinards dans un grand bol. Déchirer les grandes feuilles. Ajouter les 6 ingrédients suivants. Réfrigérer.

Vinaigrette - Bien mélanger tous les ingrédients dans un petit bol. Couvrir et réfrigérer pendant quelques heures avant de servir, si possible. Au moment de servir, verser la vinaigrette sur la salade. Mélanger. Pour 8 personnes.

SALADE DU JARDIN

Une salade des plus complètes, qui plaira sûrement à tous les convives.

Tête de laitue, coupée	1	1
Champignons frais, tranchés	1 tasse	250 mL
Oignons verts, tranchés	4	4
Radis, tranchés	6	6
Concombre, haché	1/2 tasse	125 mL
Céleri, tranché	1/2 tasse	125 mL
Œufs durs, hachés	2	2
Tomate, hachée	1	1
SAUCE		
Mayonnaise	1/2 tasse	125 mL
Moutarde préparée	1 c. à thé	5 mL
Sucre granulé	1 c. à thé	5 mL
Lait	2 c. à soupe	30 mL

(suite...)

Mélanger les 8 premiers ingrédients dans un grand bol. Si la salade doit être réfrigérée quelque temps, n'y mettre les tomates qu'au moment de servir pour éviter un excès de liquide.

Sauce - Mélanger la mayonnaise, la moutarde, le sucre et le lait dans un petit bol. Verser sur la salade. Mélanger et servir. Pour 8 personnes.

RONDELLES D'OIGNON SPÉCIALES

Un condiment que l'on peut déguster en salade, dans un sandwich, ou avec de la viande ou des hamburgers. Se conserve longtemps.

Gros oignon, tranché en rondelles très fines	1	1
Eau froide pour couvrir		
Poivron rouge, tranché en rondelles	1	1
Poivron vert, tranché en rondelles	1	1
Poivron jaune, tranché en rondelles	1	1
Sucre granulé	1$\frac{1}{3}$ **tasse**	300 mL
Eau	1$\frac{1}{3}$ **tasse**	300 mL
Vinaigre	1$\frac{1}{3}$ **tasse**	300 mL
Huile de cuisson	2 c. à soupe	30 mL

Si possible, trancher l'oignon avec un coupe-légumes pour faire des tranches très fines. Défaire celles-ci en rondelles. Laisser tremper dans l'eau froide pendant 1 heure. Égoutter.

Ajouter les rondelles de poivrons aux rondelles d'oignon dans un grand récipient.

Mélanger le sucre, la seconde quantité d'eau, le vinaigre et l'huile dans une casserole, à feu moyen. Porter à ébullition. Remuer jusqu'à ce que le sucre soit dissous. Retirer du feu. Verser sur les oignons et poivrons. Couvrir. Réfrigérer au moins 24 heures avant de servir. Pour 10 personnes.

Photo à la page 17.

BONS HARICOTS VERTS

Trois variantes - bons, meilleurs et extra - pour tous les goûts.

Haricots verts, tranchés, frais ou surgelés	1 lb	454 g
Oignons verts, hachés	2	2
Beurre ou margarine	1 c. à soupe	15 mL
Sel, pincée		
Poivre, pincée		
Eau	4 c. à soupe	60 mL

Répartir les haricots verts et les oignons verts sur 4 feuilles de papier d'aluminium doublées et huilées. Suivre de 2 mL ($^1/_2$ c. à thé) de beurre. Saler et poivrer. Ajouter 15 mL (1 c. à soupe) d'eau à chaque paquet. Envelopper. Cuire sur le gril, à feu moyen, environ 20 minutes. Retourner à l'occasion. Donne 4 portions.

MEILLEURS HARICOTS VERTS - Ajouter 2 mL ($^1/_2$ c. à thé) de sauce soja à chaque paquet.

HARICOTS VERTS EXTRA - Ajouter 2 mL ($^1/_2$ c. à thé) de sauce soja à chaque paquet, puis au moins 5 mL (1 c. à thé) d'amandes effilées grillées. Griller les amandes au four, à 350 °F (180 °C) 5 à 10 minutes, en les remuant une ou deux fois.

PATATES DOUCES

De rigueur avec de la viande.

Patates douces, pelées, coupées en
  tranches ovales de 12 à 18 mm
  ($^1/_2$ à $^3/_4$ po) d'épaisseur
Huile de cuisson

Badigeonner les tranches de patates d'huile de cuisson. Cuire sur le gril, à feu moyen, 8 à 10 minutes par côté. Retourner, badigeonner l'autre côté et cuire jusqu'à ce qu'elles soient tendres.

IGNAMES - Elles se distinguent des patates douces par la couleur de leur peau, qui tire sur le mauve alors que les patates douces sont plutôt orangées. Cuire de la même façon.

PATATES DOUCES EN ROBE - Couper les patates en tranches de 12 à 18 mm ($^1/_2$ à $^3/_4$ po) d'épaisseur. Déposer 2 tranches l'une à côté de l'autre sur une feuille de papier d'aluminium doublé. Garnir de quelques noix de beurre. Saler et poivrer. Envelopper. Cuire sur le gril à feu moyen, 7 ou 8 minutes par côté.

NAVETS - Les navets blancs ou jaunes sont excellents cuits dans du papier d'aluminium, comme les patates douces. Il faut les cuire 10 à 13 minutes par côté.

LÉGUMES EN PAPILLOTES

De quoi colorer bien des repas.

Carottes, tranchées fin	1 lb	454 g
Petits pois, frais ou surgelés	1 lb	454 g
Champignons frais, tranchés fin	½ lb	225 g
Beurre ou margarine	4 c. à thé	20 mL
Sel, pincée		
Poivre, pincée		
Eau	6 c. à soupe	100 mL

Répartir les carottes, les petits pois et les champignons sur 6 carrés de papier d'aluminium doublé. Ajouter 5 mL (1 c. à thé) de beurre. Saler et poivrer. Ajouter 15 mL (1 c. à soupe) d'eau à chaque paquet. Cuire sur le gril, à feu chaud, environ 15 minutes. Retourner à l'occasion. Donne 6 portions moyennes.

Photo à la page 17.

PETITS POIS ET CHAMPIGNONS - Deux légumes qui vont très bien ensemble. Procéder comme ci-dessus, mais enlever les carottes et cuire 10 à 15 minutes.

FRICASSÉ DE LÉGUMES

Une façon simple de préparer de bons légumes bien colorés.

Huile de cuisson	2 c. à soupe	30 mL
Oignons moyens, coupés en lanières	2	2
Champignons, tranchés	2 tasses	500 mL
Petits pois surgelés, dégelés		
Tomates cerises, coupées en quatre	12	12
Sel, pincée		
Poivre, pincée		

Faire chauffer l'huile dans un wok ou une grande poêle à frire, sur le gril, à feu chaud. Ajouter l'oignon. Faire revenir environ 5 minutes, en remuant vivement.

Ajouter les champignons. Faire revenir, en remuant, jusqu'à ce que les oignons soient tendres, mais encore croustillants.

Ajouter les petits pois et les tomates. Faire revenir, en remuant, jusqu'à ce que les légumes soient bien chauds et que les petits pois soient cuits.

Saler et poivrer. Remuer. Pour 6 personnes.

FÊTE DE MAÏS GRILLÉ

On peut cuire autant de maïs qu'il en faut - il suffit d'en ajouter et d'agrandir la fosse.

Épis de maïs, non épluchés
Cuve pleine d'eau

Pierres (facultatif)
Papier journal
Petit bois sec
Bois sec

Beurre ou margarine, fondu
   (beurre est préférable)
Sel
Poivre

Serviettes en papier comme
   essuie-tout ou serviettes de table
Eau savonneuse

Une telle fête se célèbre particulièrement bien à la ferme. S'informer des règlements du service des incendies au préalable.

Laisser les épis de maïs tremper dans une cuve d'eau froide environ 1 heure.

Creuser une fosse d'environ 13 cm (5 po) de profondeur et mesurant 1 × 2,5 m (3 × 8 pi). Disposer les pierres, si l'on s'en sert, sur le pourtour de la fosse. Bâtir un énorme feu dans la fosse. Les bûches longues s'empilent mieux que les courtes.

Lorsque le brasier est consumé, agir rapidement. Avec un râteau, ramener les braises contre les murs de la fosse, en travaillant sur la longueur, jusqu'à dénuder le sol. Y déposer les épis mouillés, en 2 ou 3 couches. Ramener les braises sur les épis, en ayant soin de les couvrir complètement. Cuire environ 20 minutes. Sortir un épi pour voir s'il est cuit. Ramener les braises.

Lorsque les épis ont assez refroidis, laisser les invités les éplucher, les tremper dans un bocal de beurre fondu et les saler et poivrer. Le beurre fondu peut aussi être servi dans un bol ou un récipient plat.

Fournir des boissons et prévoir environ 4 épis par personne. Une fête de maïs grillé suppose que l'hôte ne servira que du maïs, mais rien n'empêche de compléter le menu avec d'autres plats, en rajustant la quantité de maïs en conséquence.

Les essuie-tout sont plus résistants que les serviettes en papier, et donc préférables. Il ne faut pas oublier l'indispensable seau d'eau savonneuse pour ceux qui se retrouveront avec du beurre jusqu'aux coudes.

Remarque : au lieu de faire tremper les épis dans des cuves, se servir de grandes poubelles de plastique propres.

Ils cuisent vite, et vont avec pratiquement tout.

Champignons moyens, frais	36 à 48	36 à 48
Beurre ou margarine	6 c. à soupe	90 mL
Sel, pincée		
Poivre, pincée		

Sur un carré de papier d'aluminium, déposer 6 ou 8 champignons. Ajouter 15 mL (1 c. à soupe) de beurre. Saler et poivrer. Envelopper. Faire ainsi 5 autres paquets. Cuire sur le gril environ 8 minutes à feu chaud, en retournant une fois. Pour 6 personnes.

BROCHETTES DE CHAMPIGNONS - Toujours délicieuses, peu importe la marinade employée pour macérer la viande. Enfiler les champignons sur des brochettes (faire tremper les brochettes de bois à l'avance pendant 30 minutes) quand la viande est presque à point. Cuire sur le gril, en retournant de temps en temps, jusqu'à ce que les champignons soient tendres.

CHAMPIGNONS EN PAPILLOTES

Nichés dans des papillotes, des champignons nappés de sauce.

Oignon haché fin	$^1/_2$ **tasse**	125 mL
Beurre ou margarine	2 c. à soupe	30 mL
Farine tout usage	1 c. à soupe	15 mL
Sel	$^1/_4$ c. à thé	1 mL
Poivre, petite pincée		
Paprika	$^1/_4$ c. à thé	1 mL
Bouillon de poulet en poudre	1 c. à thé	5 mL
Crème sure	$^1/_2$ **tasse**	125 mL
Petits champignons frais	1 lb	454 g

Faire sauter l'oignon à la poêle, dans le beurre, jusqu'à ce qu'il soit clair et tendre.

Ajouter la farine, le sel, le poivre, le paprika et le bouillon en poudre. En remuant, ajouter la crème sure jusqu'à ébullition et épaississement. Laisser refroidir.

Déposer le $^1/_4$ des champignons sur un carré de papier d'aluminium. Y ajouter $^1/_4$ du mélange de crème sure. Emballer. Faire ainsi 3 autres paquets. Cuire sur le gril à feu chaud, environ 8 minutes en tout, en retournant une fois. Pour 4 personnes.

OIGNONS RAPIDES

Une divine sauce s'écoule des paquets lorsqu'on les ouvre.

Gros oignons, épluchés	3	3
Eau bouillante salée		
Sirop de maïs	1/3 **tasse**	**75 mL**
Sauce barbecue, voir page 84	1/3 **tasse**	**75 mL**

Ébouillanter les oignons dans l'eau salée jusqu'à ce qu'ils soient tendres. Bien égoutter. Laisser refroidir quelques instants. Couper chaque oignon en deux sur la largueur.

Mélanger le sirop de maïs et la sauce barbecue dans un petit bol. Mettre chaque moitié d'oignon sur un carré de papier d'aluminium doublé. Arroser de sauce. Envelopper. Cuire sur le gril, en retournant souvent, environ 10 minutes en tout. Donne 6 portions.

Photo à la page 143.

PETITS ÉPIS DE MAÏS AU BARBECUE

Peut-on dire d'un légume qu'il est mignon?

Maïs miniature en conserve, égoutté	**14 oz**	**398 mL**
Beurre ou margarine	1/2 **tasse**	**125 mL**
Jus de citron	1/2 **c. à thé**	**2 mL**
Sel d'assaisonnement	1/4 **c. à thé**	**1 mL**
Poivre	1/8 **c. à thé**	**0,5 mL**

Sécher les épis sur des essuie-tout.

Mettre les 4 ingrédients suivants dans une casserole, sur le côté du gril, pour les faire fondre. Ces petits épis sont délicieux en brochette (faire tremper les brochettes de bois à l'avance pendant 30 minutes), mais ils ont malheureusement tendance à tomber en morceaux. Badigeonner les épis du mélange de beurre. Les coucher sur le gril chauffé à feu moyen. Cuire environ 10 minutes. Retourner et badigeonner de temps en temps. Pour 4 personnes.

Photo à la page 35.

FRICASSÉ DE POIVRONS

Incomparables!

Huile de cuisson	2 c. à soupe	30 mL
Petit oignon rouge, tranché	1	1
Poivrons verts, coupés en lanières	2	2
Poivrons jaunes, coupés en lanières	2	2
Poivron rouge, coupé en dés	1/2	1/2
Courgette moyenne, coupée en courtes lanières	1	1
Germes de haricots, grosse poignée	1	1
Sel, pincée		
Poivre, pincée		
Amandes effilées, grillées (griller les les amandes au four à 350 ºF, 180 ºC, environ 5 minutes, les remuant une ou deux fois jusqu'à ce qu'elles soient dorées)		

Faire chauffer l'huile dans un wok ou une grande poêle à frire sur le gril. Ajouter l'oignon. Faire revenir en remuant vivement pendant 5 minutes.

Ajouter les poivrons verts, jaunes et rouge, puis la courgette. Faire revenir en remuant vivement jusqu'à ce que les légumes soient tendres mais croustillants, environ 5 minutes.

Ajouter les germes de haricots. Continuer de cuire en remuant jusqu'à ce que le mélange soit bien chaud.

Saler et poivrer, et garnir d'amandes grillées. Donne 4 portions.

Photo à la page 53.

POIS ET LARDONS

Des lardons et des oignons parfument agréablement ces petits pois en paquets.

Tranches de bacon, coupées en dés	2	2
Oignon haché	1/4 tasse	50 mL
Petits pois surgelés	10 oz	284 g

Faire revenir le bacon et l'oignon dans une poêle jusqu'à ce que le bacon soit cuit. Retirer du feu. Laisser refroidir.

Ajouter les petits pois. Remuer. Emballer environ le 1/4 du mélange dans une double épaisseur de papier d'aluminium. Faire 3 autres paquets. Cuire sur le gril, à feu chaud, environ 10 à 15 minutes, en retournant une fois. Donne 4 portions moyennes.

LÉGUMES EN PAPILLOTES EXPRESS

Chauffer ces légumes sur le gril pour compléter le menu.

Carottes, tranchées	2 tasses	500 mL
Épis de maïs, coupés en rondelles de 2,5 cm (1 po) d'épaisseur, puis en moitiés	2	2
Oignon tranché	2 tasses	500 mL
Haricots verts entiers, frais ou surgelés	10 oz	284 g
Sel, pincée		
Poivre, pincée		
Beurre ou margarine	1/4 tasse	50 mL
Eau	6 c. à soupe	100 mL

Répartir les légumes sur 4 carrés de papier d'aluminium doublé et graissé. Saler et poivrer. Garnir de beurre. Ajouter 25 mL (1½ c. à soupe) d'eau à chaque paquet. Fermer. Cuire sur le gril, à feu chaud, jusqu'à ce que les légumes soient tendres, 15 à 20 minutes. Retourner de temps en temps. Donne 4 portions.

PAPILLOTES GARNIES - Lorsque les légumes sont cuits, ouvrir les paquets. Ajouter 125 mL (½ tasse) de cheddar mi-fort râpé à chaque paquet. Refermer les paquets. Remettre sur le gril pour faire fondre le fromage. Ne pas retourner.

Photo à la page 143.

POMMES DE TERRE AU BARBECUE

Servir avec le papier d'aluminium relevé, prêtes à garnir.

Pommes de terre moyennes	6	6
Beurre ou margarine	6 c. à soupe	100 mL
Sel, pincée		
Poivre, pincée		
Beurre ou margarine, ramolli	1/2 tasse	125 mL
Ciboulette hachée	1 c. à soupe	15 mL

Frotter les pommes de terre avec la première quantité de beurre. Les envelopper individuellement dans du papier d'aluminium doublé. Cuire sur le gril, à feu moyen, environ 20 minutes de chaque côté, en retournant une fois. En se protégeant avec un gant de four, tâter les pommes de terre pour voir si elles sont prêtes. Si elles le sont, elles devraient céder sous le pouce. Développer les pommes de terre et en entailler le dessus en croix. Relever les bouts pour les ouvrir. Saler et poivrer.

Mélanger le beurre et la ciboulette. Déposer une noix sur chaque pomme de terre. Pour 6 personnes.

Photo à la page 17.

POMMES DE TERRE RAPIDES

Déjà cuites, elles se réchauffent très vite. Assaisonnées à l'oignon et au fromage, elles sont délicieuses.

Pommes de terre moyennes	6	6
Eau bouillante salée		
Oignon, tranché	1 tasse	250 mL
Beurre ou margarine	2 c. à soupe	30 mL
Cheddar mi-fort, râpé	2 tasses	500 mL
(ou une tranche et demie de fromage fondu)		

Ébouillanter les pommes de terre non pelées dans l'eau salée jusqu'à ce qu'elles soient tout juste cuites. Peler. Laisser refroidir.

Faire revenir l'oignon dans le beurre jusqu'à attendrir légèrement. Laisser refroidir. L'oignon et les pommes de terre peuvent être préparés bien à l'avance.

Trancher 1 pomme de terre sur un carré de papier d'aluminium doublé et graissé. Garnir de ¹⁄₆ du mélange d'oignon. Ajouter 75 mL (¹⁄₃ tasse) de fromage râpé. Envelopper. Faire de même avec les 5 autres pommes de terre. Cuire sur le gril, à feu chaud, environ 6 minutes, en retournant à quelques reprises. Donne 6 portions.

LÉGUMES SURGELÉS

Quoi de plus simple que de déposer un bloc de légumes gelés sur une feuille de papier d'aluminium pour le cuire sur le gril.

Bloc de légumes surgelés,	10 oz	284 g
petits pois, chou-fleur, brocoli ou n'importe quel autre		
Beurre ou margarine	2 c. à thé	10 mL
Sel, pincée		
Poivre, pincée		
Eau	1 c. à soupe	15 mL

Déposer le bloc de légumes surgelés sur un carré de papier d'aluminium doublé et graissé. Ajouter le beurre. Saler et poivrer et ajouter l'eau. Cuire sur le gril chaud environ 15 minutes. Donne 4 portions moyennes.

ASPERGES

Une recette qui permet de profiter d'un des premiers légumes du printemps. La cuisson sera plus égale si les grosses asperges cuisent dans un paquet et les minces dans un autre.

Asperges	1 lb	454 g
Beurre ou margarine	4 c. à thé	20 mL
Jus de citron (au goût)	4 c. à thé	20 mL
Sel, pincée		
Poivre, pincée		
Sauce à la hollandaise, page 83 **(au goût)**		

Couper les pieds durs des asperges. Répartir les asperges entre 4 carrés de papier d'aluminium doublé et graissé en fonction de l'épaisseur des tiges. Ajouter 5 mL (1 c. à thé) de beurre et de jus de citron à chaque paquet. Saler et poivrer. Envelopper. Cuire sur le gril à feu chaud 15 à 20 minutes. Retourner de temps en temps.

Napper les asperges de sauce à la hollandaise ou les servir telles quelles. Donne 4 portions.

ASPERGES AU FROMAGE - Ajouter au moins 30 mL (2 c. à thé) de cheddar mi-fort râpé à chaque paquet.

ASPERGES AU PARMESAN - Ajouter environ 15 mL (1 c. à thé) de parmesan à chaque paquet.

ASPERGES AU SÉSAME - Ajouter au moins 2 mL ($1/2$ c. à thé) de graines de sésame grillées à chaque paquet.

MAÏS EN ÉPIS

Cette méthode de cuisson élimine la corvée des feuilles et des filandres. La sauce soja donne un petit goût particulier au maïs.

Épis de maïs	6	6
Beurre ou margarine, ramolli	6 c. à soupe	100 mL
Sauce soja	2 c. à thé	10 mL

Enlever les feuilles et les filandres des épis.

Mélanger le beurre et la sauce soja. Tartiner les épis de ce mélange. Envelopper chaque épi dans une double épaisseur de papier d'aluminium. Cuire sur le gril, en tournant d'un quart de tour toutes les 3 minutes. Donne 6 portions.

CAROTTES NOUVELLES

Une délicieuse façon d'ajouter de la couleur aux assiettes.

Carottes, petites ou moyennes, coupées	1 lb	454 g
Beurre ou margarine	4 c. à thé	20 mL
Sel, pincée		
Poivre, pincée		
Eau (au goût)		

Répartir les carottes sur 4 carrés de papier d'aluminium doublé. Ajouter 5 mL (1 c. à thé) de beurre à chaque paquet. Saler et poivrer. Si les carottes sont un peu mouillées, il n'y a pas lieu d'ajouter d'eau. Sinon, ajouter 5 mL (1 c. à thé) d'eau à chaque paquet. Envelopper avec soin. Cuire sur le gril à feu moyen, environ 25 minutes en tout, en retournant de temps en temps. Pour 4 personnes.

MAÏS RAPIDE

Un délice! Faire tremper le maïs avant la cuisson ou le cuire directement. Deux méthodes, qui se valent, à essayer.

Épis de maïs	6	6
Beurre ou margarine		
Sel, pincée		
Poivre, pincée		

Dénuder les épis sans arracher les feuilles. Ôter les filandres. Tartiner les épis de beurre. Saler et poivrer. Rabattre les feuilles de façon à complètement couvrir l'épi. Attacher avec du fil de fer fin à 3 ou 4 endroits. Si les feuilles tiennent bien, il n'est pas nécessaire de les attacher.

Cuire sur le gril en tournant d'un quart de tour environ toutes les 3 minutes. Enlever les fils et les feuilles avant de servir. Donne 6 portions.

MAÏS EN PAPILLOTES - On peut cuire les épis épluchés enveloppés dans du papier d'aluminium. Les badigeonner de beurre ou de margarine avant la cuisson.

MAÏS EN ROBE DES CHAMPS - Cuire les épis tels quels sur le gril. Ne même pas repousser les feuilles pour enlever les filandres. Ajouter le beurre, le sel et le poivre après la cuisson. Cette méthode est la plus simple, et celle qui réussit le mieux.

Photo sur la couverture.

POMMES DE TERRE EXPRESS

Des pommes de terre au goût imbattable.

Pommes de terre à cuire moyennes	6	6
Beurre ou margarine		
Fromage à la crème, ramolli	4 oz	125 g
Crème sure	¹/₂ tasse	125 mL
Sel d'oignon	1¹/₂ c. à thé	7 mL
Poivre	¹/₈ c. à thé	0,5 mL

Frotter la peau des pommes de terre avec le beurre. Envelopper chaque pomme de terre dans une double épaisseur de papier d'aluminium. Cuire sur le gril, à feu moyen, environ 20 minutes de chaque côté, en retournant une fois. En se protégeant avec un gant de four, tâter les pommes de terre pour voir si elles sont prêtes. Si elles le sont, elles devraient céder sous le pouce. Développer les pommes de terre et en entailler le dessus en croix. Relever les bouts pour les ouvrir.

Battre les autres ingrédients ensemble. Déposer une cuillerée de garniture sur chaque pomme de terre. Pour 6 personnes.

GARNITURE DE POMMES DE TERRE - Mélanger 250 mL (1 tasse) de crème sure et 5 mL (1 c. à thé) de sel d'oignon. Ajouter quelques ciboulettes ou flocons de persil pour donner de la couleur. Déposer sur les pommes de terre, à la cuillère.

PAPILLOTES DU JARDIN

Tendres et colorées.

Courgettes, environ 3 cm (1¹/₄ po)	2	2
de diamètre, non pelées		
Tomates, pelées	3	3
Basilic	¹/₂ c. à thé	2 mL
Sel, pincée		
Poivre, pincée		

Couper les courgettes en tranches de 2,5 cm (1 po) d'épaisseur. Ébouillanter les tomates 1 minute pour que la peau s'enlève plus facilement. Les peler et les couper en quartiers. Répartir les courgettes et tomates sur 4 carrés de papier d'aluminium doublé. Saupoudrer chaque paquet de 0,5 mL (¹/₈ c. à thé) de basilic et d'une pincée de sel et de poivre. Envelopper. Cuire à feu chaud sur le gril environ 20 à 25 minutes. Retourner à l'occasion. Pour 4 personnes.

BEIGNETS DE POMMES DE TERRE

Faits de restes de pommes de terre ou de pommes de terre fraîches.

Pommes de terre moyennes, non pelées **Eau bouillante, salée**	4	4
Oignons verts, tranchés **Sel, pincée** **Poivre, pincée**	¹/₄ **tasse**	50 mL
Beurre ou margarine, fondu	¹/₄ **tasse**	50 mL

Ébouillanter les pommes de terre dans l'eau salée jusqu'à ce qu'elles soient tout juste tendres. Égoutter. Laisser refroidir jusqu'à pouvoir les manipuler. Les éplucher. Les râper en lanières moyennes.

Ajouter les oignons verts. Saler et poivrer. Bien mélanger. Diviser en quatre beignets. Se fariner les mains de temps en temps, au besoin. Déposer les beignets dans un panier à griller graissé. Cuire sur le gril, à feu moyen, environ 7 minutes par côté.

Badigeonner de beurre de temps en temps. Donne 4 portions.

Photo à la page 143.

POMMES DE TERRE AU FOUR - Envelopper les pommes de terre dans du papier d'aluminium. Les cuire au four. Une fois cuites, les transférer au barbecue, sur le côté du gril ou sur une des étagères.

BROCHETTES DE POMMES DE TERRE

Il vaut mieux précuire les petites pommes de terre nouvelles car elles risquent de se briser si on les embroche crues. Un vrai régal.

Petites pommes de terre nouvelles **Eau bouillante, salée**	18	18
Beurre ou margarine, fondu	¹/₄ **tasse**	50 mL
Aneth	¹/₂ **c. à thé**	2 mL

Ébouillanter les pommes de terre, sans les peler, dans l'eau salée jusqu'à ce qu'elles soient tout juste tendres. Les mettre de côté en attendant le moment de s'en servir.

Enfiler les pommes de terre sur des brochettes (faire tremper les brochettes de bois à l'avance pendant 30 minutes). Mélanger le beurre fondu et l'aneth et en badigeonner les pommes de terre. Cuire sur le gril huilé, à feu chaud, environ 4 minutes en retournant et en arrosant souvent les pommes de terre jusqu'à ce qu'elles soient bien chaudes. Pour 6 personnes, à raison de 3 pommes de terre chacune.

Variante - Remplacer le beurre par de la crème sure. Ajouter de l'aneth et badigeonner les pommes de terre.

FÈVES À L'ANANAS

Ceux qui n'ont jamais goûté ce mélange seront agréablement surpris. Le bacon donne encore plus de goût.

Tranches de bacon	6	6
Oignon haché	1½ tasse	325 mL
Fèves au four en sauce tomate	2 × 14 oz	2 × 398 mL
Sauce chili	2 c. à soupe	30 mL
Mélasse	1 c. à soupe	15 mL
Moutarde préparée	1 c. à thé	5 mL
Ananas broyés, égouttés	14 oz	398 mL
Sel	¼ c. à thé	1 mL
Poivre	⅛ c. à thé	0,5 mL

Dans une grande casserole, faire revenir le bacon et les oignons. Ôter le gras.

Ajouter les autres ingrédients. Porter à ébullition. Couvrir et laisser mijoter au moins 30 minutes. Préparer sur la cuisinière et transférer sur le côté du gril, ou cuire entièrement sur le gril. Donne 8 portions.

Photo à la page 17.

1. Légumes en papillotes express page 136
2. Oignons rapides page 134
3. Beignets de pommes de terre page 141
4. Pain au lait sur page 47
5. Pain de son page 52
6. Truite en panier page 67

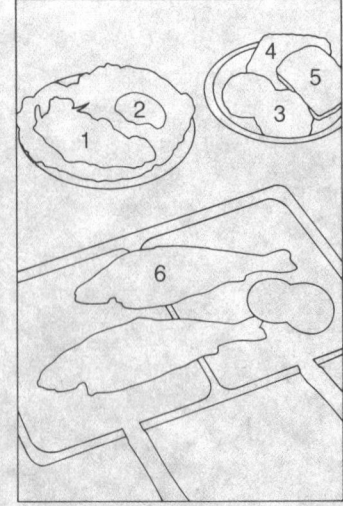

POIVRONS EN PARADE

Aussi beaux que bons.

Poivrons verts, coupés en carrés de 2,5 cm (1 po)	2	2
Poivrons rouges, coupés en carrés de 2,5 cm (1 po)	2	2
Poivrons jaunes, coupés en carrés de 2,5 cm (1 po)	2	2
Huile de cuisson	$^1/_3$ tasse	75 mL
Sel d'ail, pincée		
Poivre, pincée		

Enfiler 4 carrés de poivrons verts, rouges et jaunes sur chaque brochette (faire tremper les brochettes de bois à l'avance pendant 30 minutes), en alternant les couleurs.

Badigeonner d'huile de cuisson. Cuire sur le gril huilé 8 à 10 minutes, en tournant et en arrosant les brochettes toutes les minutes, jusqu'à ce que les poivrons commencent à noircir.

Saupoudrer de sel d'ail et de poivre. Pour 4 personnes.

TOMATES FARCIES

Un joli plat qui cuit vite.

Grosses tomates	3	3
Beurre ou margarine	3 c. à soupe	50 mL
Chapelure	$^1/_3$ tasse	75 mL
Cheddar mi-fort, râpé	$^1/_4$ tasse	50 mL
Sucre granulé	$^1/_2$ c. à thé	2 mL
Basilic	$^1/_4$ c. à thé	1 mL
Sel	$^1/_4$ c. à thé	1 mL
Poivre, pincée		

Couper les tomates en deux sur la largeur. Pincer doucement pour faire sortir les graines et le jus.

Faire fondre le beurre dans une petite casserole. Retirer du feu. Ajouter les autres ingrédients. Bien mélanger. Farcir les tomates avec le mélange. Mettre les tomates dans un plat, sur le gril, à feu moyen. Fermer le barbecue. Cuire 5 à 10 minutes, jusqu'à ce qu'elles soient tendres. Donne 6 portions.

OIGNONS EN FOURNÉE

Ces papillotes renferment des oignons dans une sauce veloutée.

Oignons épluchés, coupés en petits segments	1 lb	454 g
Beurre ou margarine	4 c. à thé	20 mL
Sel, pincée		
Poivre, pincée		
Crème de champignons, condensée	10 oz	284 mL

Répartir les oignons sur 4 carrés de papier d'aluminium doublé. Ajouter 5 mL (1 c. à thé) de beurre sur chacun. Saler et poivrer. Ajouter 60 mL (4 c. à soupe) de soupe. Envelopper. Cuire sur le gril, à feu moyen, 20 à 25 minutes. Retourner de temps en temps. Pour 4 personnes.

FÈVES AU BARBECUE

Chauffer ces fèves sur la cuisinière ou sur le barbecue. Elles exigent peu de préparation, et on peut augmenter les quantités sans problème.

Beurre ou margarine	2 c. à soupe	30 mL
Oignon haché	1 tasse	250 mL
Fèves au four en sauce tomate	14 oz	398 mL
Cassonade, tassée	$1/3$ tasse	75 mL
Ketchup	3 c. à soupe	50 mL
Sauce Worcestershire	2 c. à soupe	30 mL
Moutarde préparée	1 c. à thé	5 mL

Faire fondre le beurre dans une grande casserole. Ajouter l'oignon. Faire revenir jusqu'à ce qu'il soit tendre et clair.

Ajouter les autres ingrédients. Remuer. Porter à ébullition. Mijoter 10 minutes. Garder au chaud sur le côté du gril. Remuer à l'occasion. Pour 4 personnes.

POIVRONS FARCIS

Un poivron vidé fait une délicieuse enveloppe pour servir du riz. On peut remplacer le poivron vert par un rouge ou un jaune.

Poivrons verts ou rouges	4	4
Eau bouillante, salée		
Riz à grains longs, cuit	3 tasses	675 mL
(350 mL, 1¹/₂ tasse, non cuit)		
Pimiento, haché	1 c. à soupe	15 mL
Crème de champignons, condensée	10 oz	284 mL
Beurre ou margarine	1 c. à soupe	15 mL
Chapelure	4 c. à soupe	60 mL

Choisir des poivrons verts de telle forme qu'ils resteront bien debout, par exemple des poivrons courts et larges. Enlever le dessus. Épépiner. Ébouillanter dans l'eau salée pendant 8 minutes. Bien égoutter. Laisser refroidir.

Mélanger le riz, le piment doux et la soupe de champignons dans un bol. Farcir les poivrons.

Faire fondre le beurre dans une petite casserole. Ajouter la chapelure, en remuant pour bien mélanger. Répartir sur les poivrons. Cuire selon la méthode de cuisson indirecte (voir page 149), dans un barbecue fermé, à température moyenne, environ 30 minutes.

POMMES DE TERRE RÔTIES

Une méthode simple pour dorer et rôtir des pommes de terre.

Pommes de terre moyennes	6	6
Eau bouillante, salée		
Huile de cuisson ou beurre		
ou margarine		

Ébouillanter les pommes de terre dans l'eau salée, sans les peler, environ 30 minutes, jusqu'à ce qu'elles soient presque cuites. Se servir d'un couteau pointu plutôt que d'une fourchette pour piquer les pommes de terre pour voir si elles sont cuites. Laisser refroidir les pommes de terre jusqu'à pouvoir les manipuler. Peler. Les laisser entières ou les couper en deux sur la largeur.

Badigeonner d'huile ou de beurre. Cuire les pommes de terre sur le gril chaud en les tournant et les arrosant jusqu'à ce qu'elles soient dorées et croustillantes. La cuisson prend 15 à 20 minutes.

CHOUX DE BRUXELLES

Avec ou sans sauce, ils sont toujours bons, et si simples à préparer.

Choux de Bruxelles surgelés	**10 oz**	**284 g**
Beurre ou margarine	**2 c. à soupe**	**30 mL**
Eau	**1 c. à soupe**	**15 mL**
Jus de citron	**½ c. à thé**	**2 mL**
Sel, pincée		
Poivre, pincée		

Mettre les choux de Bruxelles sur une feuille de papier d'aluminium doublé. Garnir avec le beurre coupé en petits morceaux. Ajouter l'eau, le jus de citron, le sel et le poivre. Envelopper. Cuire sur le gril, à feu moyen, 5 à 7 minutes de chaque côté. Donne 4 portions.

CHOUX DE BRUXELLES EN SAUCE - Mettre les choux de Bruxelles sur une feuille de papier d'aluminium doublé. Garnir d'une boîte de 284 mL (10 oz) de crème de champignons condensée. Envelopper. Cuire sur le gril, à feu moyen, 5 à 7 minutes de chaque côté. Donne 4 portions.

BROCHETTES DE POIVRONS

Les pommes de terre étant préparées à l'avance, il suffit de quelques instants pour que ces jolies brochettes soient prêtes.

Pommes de terre non pelées, coupées en gros morceaux	**4**	**4**
Eau bouillante, salée		
Poivron rouge, coupé en carrés	**1**	**1**
Poivron vert, coupé en carrés	**1**	**1**
Poivron jaune, coupé en carrés	**1**	**1**
Beurre ou margarine, fondu	**¼ tasse**	**50 mL**

Ébouillanter les pommes de terre dans l'eau salée jusqu'à ce qu'elles soient presque cuites. Égoutter. Laisser refroidir les pommes de terre jusqu'à pouvoir les manipuler.

Enfiler les pommes de terre et les poivrons sur des brochettes (faire tremper les brochettes de bois à l'avance pendant 30 minutes), en alternant les couleurs.

Badigeonner de beurre fondu. Cuire sur le gril environ 10 minutes, jusqu'à ce que les poivrons commencent à noircir. Tourner et arroser les brochettes de temps en temps. Pour 4 personnes.

Photo sur la couverture.

BROCHETTES DU JARDIN

Faciles à faire, et si colorées.

Gros morceaux de courgette non pelée	12	12
Tomates cerises	12	12
Champignons	12	12
Vinaigrette italienne		

Enfiler les légumes sur 4 brochettes (faire tremper les brochettes de bois à l'avance pendant 30 minutes), en alternance.

Arroser de vinaigrette italienne. Laisser reposer 15 minutes. Cuire sur le gril, à feu moyen. Retourner et arroser souvent de vinaigrette italienne. Cuire environ 5 minutes, jusqu'à ce que les légumes soient tendres, mais encore croustillants. Donne 4 portions.

MÉTHODE DE CUISSON INDIRECTE

La méthode de cuisson indirecte est employée pour cuire au barbecue des aliments que l'on cuirait normalement au four comme les tartes, les gâteaux, les petits pains, le pain, les yorkshire puddings ainsi que les viandes et le poisson.

Si le barbecue est muni de deux brûleurs au gaz, n'en allumer qu'un. Avant de mettre un gâteau ou une tarte à cuire, vérifier la température du barbecue. Placer un thermomètre de four sur le brûleur qui n'est pas allumé et refermer le barbecue. Lorsque la température souhaitée est atteinte, déposer l'aliment à cuire sur le gril, sur le brûleur qui n'est pas allumé. Garder le barbecue fermé pendant la cuisson. Pour cuire une viande, installer une lèchefrite sous la viande, du côté du brûleur éteint. Il n'est pas nécessaire de verser d'eau dans la lèchefrite. Garder le barbecue fermé pendant la cuisson. Vérifier la température avec un thermomètre de four afin de pouvoir ajuster la chaleur.

Pour cuire des aliments ou de la viande sur un barbecue au charbon, pousser le charbon d'un côté et cuire de l'autre. Garder le barbecue fermé. Ne pas oublier de mettre une lèchefrite sous la viande, directement au fond du barbecue.

Lorsque le barbecue est fermé, la flamme la plus basse devrait dégager une chaleur moyenne tandis qu'une flamme moyenne devrait dégager une forte chaleur.

TABLEAUX DE MESURES

Dans cet ouvrage, les quantités sont données en mesures impériales et métriques. Pour compenser l'écart entre les quantités quand elles sont arrondies, une pleine mesure métrique n'est pas toujours utilisée. La tasse correspond aux huit onces liquides courantes. La température est donnée en degrés Fahrenheit et Celsius. Les dimensions des moules et des récipients sont en pouces et en centimètres ainsi qu'en pintes et en litres. Une table de conversion métrique exacte, avec l'équivalence pratique (mesure courante), suit.

TEMPÉRATURES DU FOUR

Fahrenheit (°F)	Celsius (°C)
175°	80°
200°	95°
225°	110°
250°	120°
275°	140°
300°	150°
325°	160°
350°	175°
375°	190°
400°	205°
425°	220°
450°	230°
475°	240°
500°	260°

CUILLERÉES

Mesure courante	Métrique Conversion exacte, en millilitres (mL)	Métrique Mesure standard, en millilitres (mL)
$1/4$ cuillerée à thé (c. à thé)	1,2 mL	1 mL
$1/2$ cuillerée à thé (c. à thé)	2,4 mL	2 mL
1 cuillerée à thé (c. à thé)	4,7 mL	5 mL
2 cuillerées à thé (c. à thé)	9,4 mL	10 mL
1 cuillerée à soupe (c. à soupe)	14,2 mL	15 mL

TASSES

	Métrique Conversion exacte, en millilitres (mL)	Métrique Mesure standard, en millilitres (mL)
$1/4$ tasse (4 c. à soupe)	56,8 mL	50 mL
$1/3$ tasse ($5 1/3$ c. à soupe)	75,6 mL	75 mL
$1/2$ tasse (8 c. à soupe)	113,7 mL	125 mL
$2/3$ tasse ($10 2/3$ c. à soupe)	151,2 mL	150 mL
$3/4$ tasse (12 c. à soupe)	170,5 mL	175 mL
1 tasse (16 c. à soupe)	227,3 mL	250 mL
$4 1/2$ tasses	1 022,9 mL	1 000 mL (1 L)

MOULES

Impériale, en pouces	Métrique, en centimètres
8x8 po	20x20 cm
9x9 po	22x22 cm
9x13 po	22x33 cm
10x15 po	25x38 cm
11x17 po	28x43 cm
8x2 po (rond)	20x5 cm
9x2 po (rond)	22x5 cm
$10x4 1/2$ po (cheminée)	25x11 cm
8x4x3 po (pain)	20x10x7 cm
9x5x3 po (pain)	22x12x7 cm

MESURES SÈCHES

Mesure Impériale, en onces (oz)	Métrique Conversion exacte, en grammes (g)	Métrique Mesure standard en grammes (g)
1 oz	28,3 g	30 g
2 oz	56,7 g	55 g
3 oz	85,0 g	85 g
4 oz	113,4 g	125 g
5 oz	141,7 g	140 g
6 oz	170,1 g	170 g
7 oz	198,4 g	200 g
8 oz	226,8 g	250 g
16 oz	453,6 g	500 g
32 oz	907,2 g	1 000 g (1 kg)

RÉCIPIENTS (Canada et Grande-Bretagne)

Mesure impériale	Mesure exacte
1 pte (5 tasses)	1,13 L
$1 1/2$ pte ($7 1/2$ tasses)	1,69 L
2 pte (10 tasses)	2,25 L
$2 1/2$ pte ($12 1/2$ tasses)	2,81 L
3 pte (15 tasses)	3,38 L
4 pte (20 tasses)	4,5 L
5 pte (25 tasses)	5,63 L

RÉCIPIENTS (États-Unis)

Mesure impériale	Mesure exacte
1 pte (4 tasses)	900 mL
$1 1/2$ pte (6 tasses)	1,35 L
2 pte (8 tasses)	1,8 L
$2 1/2$ pte (10 tasses)	2,25 L
3 pte (12 tasses)	2,7 L
4 pte (16 tasses)	3,6 L
5 pte (20 tasses)	4,5 L

Économisez 5 $

Remise de 5 $ sur chaque tranche de 35 $ du montant total de la commande.

FRANÇAIS

QUANTITÉ • LIVRES DE CUISINE JEAN PARÉ

150 délicieux carrés	Les salades
Les casseroles	La cuisson au micro-ondes
Muffins et plus	Les pâtes
Les dîners	Les conserves
Les barbecues	Les casseroles légères
Les tartes	Poulet, etc.
Délices des fêtes	*nouveauté* La cuisine pour les enfants (août 1995)
Recettes légères	

NOMBRE DE LIVRES   COÛT

10,95 $ + 1,50 $ (frais d'expédition) = **12,45 $ l'exemplaire** x _____ = _____ $

ANGLAIS

QUANTITÉ • SÉRIE COMPANY'S COMING

150 Delicious Squares	Cakes
Casseroles	Barbecues
Muffins & More	Dinners of the World
Salads	Lunches
Appetizers	Pies
Desserts	Light Recipes
Soups & Sandwiches	Microwave Cooking
Holiday Entertaining	Preserves
Cookies	Light Casseroles
Vegetables	Chicken, Etc.
Main Courses	*nouveauté* Kids Cooking (août 1995)
Pasta	

NOMBRE DE LIVRES   COÛT

10,95 $ + 1,50 $ (frais d'expédition) = **12,45 $ l'exemplaire** x _____ = _____ $

QUANTITÉ • COLLECTION PINT SIZE

Finger Food	Baking Delights
Party Planning	*nouveauté* Chocolate (octobre 1995)
Buffets	

NOMBRE DE LIVRES   COÛT

4,99 $ + 1,00 $ (frais d'expédition) = **5,99 $ l'exemplaire** x _____ = _____ $

TOTAL

- **FAIRE LE CHÈQUE OU LE MANDAT À :** *COMPANY'S COMING PUBLISHING LIMITED*

- **COMMANDES HORS CANADA :** *Doivent être réglées en devises américaines par chèque ou mandat tiré sur une banque canadienne ou américaine.*

- *Prix susceptibles de changer sans préavis.*

- *Désolé, pas de paiement sur livraison.*

MONTANT TOTAL DE LA COMMANDE	$
Moins remise de 5 $ sur chaque tranche de 35 $ —	$
SOUS-TOTAL	$
T.P.S. (7 %) au Canada seulement +	$
MONTANT TOTAL INCLUS	$

Prière d'inscrire l'adresse du destinataire au verso

Offrez le plaisir de la bonne chère

- Laissez-nous vous simplifier la vie!
- Nous expédierons directement, en cadeau de votre part, des livres de cuisine aux destinataires dont vous nous fournissez les noms et adresses.
- N'oubliez pas de préciser le titre des livres que vous voulez offrir à chaque personne.
- Vous pouvez même nous faire parvenir un mot ou une carte à l'intention du destinataire. Nous nous ferons un plaisir de l'inclure avec les livres.
- Les Livres de cuisine Jean Paré font toujours des heureux. Anniversaires, réceptions données en l'honneur d'une future mariée, fête des Mères ou des Pères, obtention d'un diplôme... ce ne sont pas les occasions qui manquent. Collectionnez-les tous!

Adresse du destinataire

Veuillez expédier les Livres de cuisine Jean Paré cochés à l'endos de ce coupon à :

Nom :

Rue :

Ville :   Province ou État :

Code postal ou zip :   Tél. : (   )   —

Company's Coming Publishing Limited
C.P. 8037, succursale F
Edmonton (Alberta) Canada T6H 4N9
Tél. : (403) 450-6223 (en anglais)

MARQUE-RECETTE

LA CUISINE POUR LES ENFANTS

LIVRES DE CUISINE

- Des recettes que les ENFANTS préparent!
- Des plats pour le petit déjeuner, des plats de résistance, des légumes, des soupes, des salades et des desserts
- Des garnitures pour les sandwiches et des idées pour les sacs-repas
- Des pizzas, des en-cas, des biscuits et des carrés
- Des laits frappés, des punchs, des flotteurs sur chocolat chaud et des sucettes glacées!
- De la pâte à modeler, des biscuits pour le chien et des bulles de savon

Marquez la page de votre recette
préférée avec ce pratique
MARQUE-RECETTE
détachable

Des recettes rapides et faciles

Des ingrédients familiers

Plus de 10 millions de livres de cuisine vendus

Recette-échantillon extraite de La cuisine pour les enfants

PIZZA AUX FRUITS CROUSTILLANTE

Une pizza-dessert qui se mange avec les doigts. On peut la préparer la veille. Elle est ÉPATANTE!

1. CROÛTE		
Beurre ou margarine dure	¼ tasse	60 mL
Grosses guimauves	32	32
2. Céréale de riz croustillant	5 tasses	1,25 L
3. GARNITURE		
Fromage à la crème, ramolli	8 oz	250 g
Sucre à glacer	2 tasses	500 mL
Cacao	¼ tasse	60 mL
4. Petites fraises, en moitiés, en réserver 1 entière	16	16
Banane, pelée et tranchée	1	1
Kiwis, pelés, coupés en deux sur la longueur et tranchés	2	2
5. GLAÇAGE		
Confiture aux abricots	2 c. à soupe	30 mL
Eau	1½ c. à thé	7 mL
6. Crème à fouetter (ou 1 sachet de garniture à dessert)	1 tasse	250 mL
Sucre granulé	2 c. à thé	10 mL
Vanille	½ c. à thé	2 mL

Matériel nécessaire : une grande casserole, des tasses graduées, 3 cuillères à mélanger, un réchaud, une tôle à pizza de 30 cm (12 po) de diamètre, un petit bol, un batteur électrique, une petite tasse, un pinceau à pâtisserie et un bol moyen.

1. Croûte : Combiner le beurre ou la margarine avec les guimauves dans une casserole. Chauffer à feu moyen, en remuant sans arrêt, jusqu'à ce qu'elles aient fondu.

2. Retirer la casserole du rond et la poser sur le réchaud. Y verser les céréales. Remuer jusqu'à ce qu'elles soient bien enrobées du mélange. Graisser la tôle à pizza. Se mouiller les doigts, puis presser le mélange de céréales en une couche égale sur la tôle. Laisser refroidir au réfrigérateur.

3. Garniture : Mettre le fromage à la crème, le sucre à glacer et le cacao dans le petit bol. Battre à basse vitesse jusqu'à ce que le sucre soit humide, puis battre à vitesse moyenne jusqu'à ce que la préparation soit homogène. L'étaler sur la croûte.

4. Disposer les morceaux de fraise, de banane et de kiwi sur la garniture, en un joli motif.

5. Glaçage : Délayer la confiture dans l'eau, dans une tasse. Badigeonner les fruits de ce mélange avec un pinceau à pâtisserie pour les glacer et les empêcher de brunir.

6. Battre la crème à fouetter avec le sucre et la vanille dans un bol moyen jusqu'à ce qu'elle soit épaisse. La dresser en petits monticules sur le dessus de la pizza. Couper en 8 ou 10 pointes.